ルネサンス文化講義

南北の視座から考える

澤井《Sawai》繁男《Shigeo》

山川出版社

カバー装画

笠井誠一「夕顔とぶどうとキャスロールのある卓上静物」

笠井誠一氏の画風は「形（フォルム）」を重んじ、枝葉をそぎおとした「普遍」的で「一」なる静謐な世界に限りなく近づく。これ、まさにルネサンスの基本理念のひとつを美的に体現したもので、全人間的なあたたか味も感受し得る。

はじめに──東西でなく南北の視座

ノーベル文学賞受賞作家の大江健三郎(一九三五〜二〇二三年)は、林達夫、渡辺一夫に師事している。林達夫にはほかに、中村雄二郎、山口昌男、高階秀爾なども教えを乞うている。渡辺一夫は東大の仏文科の教授だったから教え子がたくさんいたことだろう。

この二名、ともにルネサンスに関する書をものしている。もう鬼籍に入られた二人の知識人についてどのような功績をのこしたか、多少なりとも触れてみたい。

林達夫(一八九六〜一九八四年)は明治大学をはじめとして諸大学で教鞭をとった、わかりやすくいえば「百科全書派」的な知の巨人である。岩波書店刊行の『世界』の編集にも携わったことがあったし、『ファーブル昆虫記』やベルクソン著『笑い』の翻訳者でもある。日本の出版社で百科事典の名門といえば平凡社で、同社の『児童百科事典』『哲学事典』の出版に尽力し、同社の顧問も務めた。著作集もセレクションも平凡社から出ており、そこに「文芸復興」に類するものがある。林のルネサンス論で、ルネサンスを中心に西欧の神話的古層にメスを入れたエッセイ「精神史──一つの方法序説」(『林達夫著作集I』平凡社、一九七一年)は、大雑把な言い方で恐縮だが、レオナルド・ダ・ヴィンチとミケランジェロの絵画の比較論である。参考文献はほぼフランス語の研究書で、イタリア人ではパオロ・ロッシが挙がっているが、執筆当時は英訳で読んでいる（イタリア語原典は一九五七年。現在入手可能な邦訳書は『魔術から科学へ』みすず書房、一九九九年）。

ルネサンスは「再生」の意味で、もっと深めていえば「始原」への回帰、そこからの「再生」である。むろん「文芸」だけの復興ではないのだが、この言葉がいつのまにか定着した。しかし林のように、ルネサンス期の視覚芸術に関心を寄せる研究者や愛好家が結構な数にのぼり、「図像学《イコノロジー》」を主唱したエルウィン・パノフスキー登場後は、視覚芸術研究が盛んになった。林はきわめてフランス語に秀でていたので、イタリア作品を仏訳で読んだのかもしれない。

渡辺一夫（一九〇一年〜七五年）は名著『フランス・ルネサンスの人々』（岩波文庫、一九九二年）を著わした。さまざまな職種のひとたちを取り挙げ、「一六世紀フランス・ルネサンス」の黄金時代を、人物をとおして綴っている。その二番目に論及されている、外科医アンブロワーズ・パレなどこうした人文書ではめったにお目にかかれない職種の偉人で、渡辺の目配りのよさが光っている。パレはイタリア戦争にも従軍している。渡辺の業績で際立っているのは訳業で、フランソワ・ラブレーの中世フランス語で書かれた『ガルガンチュアとパンタグリュエル』全巻を翻訳、さらに『千一夜物語』の翻訳もその一つだ。教え子たちを弟子といわず「若い友人」と称した。大江健三郎は渡辺のもとで、サルトル論を卒業論文として提出している。

林、渡辺ともにフランス語に堪能だったことで共通している。

ここまで私が何を訴えようとしているか、もうみえているだろう。二人の思想家・学者の得意（専攻）とした言語がフランス語であって、両名ともおそらくフランス語で書かれたイタリア・ルネサンス文献の秀逸な読み手だったろう、ということである。フランスはアルプス山脈の北側であるのはいうまでもない。イタリア語での生の接触ではなかったのが残念である。

話はちょっと変わるが、「東西冷戦」という言葉は一時期消えたかにみえたが、現在ロシアのウクライナ侵攻でふたたび取り沙汰されている。西側と東側がまた向き合うかたちとなって、軍事衝突が早晩起こりうるかもしれない。「共産主義圏（東側）」と「自由主義圏（西側）」という相も変わらぬ対立構図である。政治的イデオロギーが前面に顕われている。というより、「全体主義」対「民主主義」と解したほうがわかりやすいだろう。卑見によれば、真の共産主義国家は、即全体主義国家にはならないと思うのだが。

さてルネサンス文化現象（もはやルネサンス時代という歴史時代名はなく、中世末期あるいは初期近代《アーリー・モダン》〈近世〉と位置づけられている）は、東西ではなく南北に視座を置くとわかりやすくなる。アルプス山脈を境にして、南の地中海世界と北の西欧世界である。あえていえば、南のヘレニズム文化と北のヘブライズム文化のせめぎあいだ。異教である南の多神教と、キリスト教の一神教の拮抗である。もちろんイタリアにはカトリックの総本山であるローマ教会が存在していて一神教の世界だが、そこにギリシア文化、(それをアラビア語に翻訳した)アラブ・イスラームの文化が西方地域に流布する。西方ラテン人は、一二世紀にアラビア語を急遽取得してラテン語に翻訳(「一二世紀ルネサンス」と呼ばれる一大翻訳文化運動。主に古代ギリシアのアリストテレスの哲学書が翻訳された)した。その後ギリシア語を修得したイタリア人(主に、フィレンツェの知識人たち)がギリシア語の原典を、一五、一六世紀にラテン語に翻訳した。なかにはすぐに各俗語(ラテン語が各地域で方言となり、現在のポルトガル語・スペイン語・フランス語・イタリア語などの誕生をみた)に翻訳された文献もある。これを「一五、一六世紀のイタリア・ルネサンス」と称する。今度はプラトンの書物が集中的に翻訳された。私たちが知っているのはもっぱらこの「イタリア・ルネサンス」のほうだろう。

西方ラテン世界は二つの翻訳運動期を経てはじめて文明地帯となった。それまで欧州は「西方の知の辺境地」とみなされて、東方世界に数歩以上引けをとっていた。南の地中海の文化・文明の豊かさが理解されるというものだ。

経済(商業)面でも、南の地域のほうが盛行をきわめていた。東西ではなく南北を軸としてみなければルネサンス文化は正確に把握できない。極端な言い方をすれば、アルプス以北(スペイン、フランス、ドイツ)は、以南のイタリアより文化的にも経済的にも百年の遅れをとっていた。野蛮な「魔女狩り」も以北でのほうが多く行なわれている。

宗教の視点から南北の文化を整理してみると、すでにヘレニズム(多神教)、ヘブライズム(一神教）のべつは述べたが、前者が「一者」を中心とする「円環」のイメージであるのにたいし、後者は初めがあって終わりがある、直線のイメージで、成り行き上「終末論」が生じた。前者は「世界は生きている」というアニミズムの世界。後者はそれを異端として排斥した。長い間、後者のキリスト教が西欧・南欧世界を支配してきたのだが、イタリア・ルネサンスの文化現象で、本書で言及してゆくさまざまな理由から、ヘレニズムの文化が、地下から一五〜一七世紀に芽を出すことになる。ルネサンスは異教の文化だ、と主張した文化史家（ヤーコプ・ブルクハルト）もいたくらいで、実際そうだった。

本書では各章のテーマを中心とし、この南北の観点を重視しながら、新たなルネサンス像を提示してゆきたい。また人物や説明が文脈上重なる頁があるが、お許しねがいたい。

なお各章冒頭部分はその章の「道（読み）しるべ」「見取り図」的役割の文章を載せており、俯瞰的に本文を読めるようにしている。

最後に、この期の文化の特徴として「男尊女卑（女性蔑視）」「露骨な性的表現」があるものの、歴史的事実として受け止めてほしく、あえてそのまま記述することを、ご理解ねがいたい。参考文献は各章末尾に、その章の内容に関する、日本語で読める図書を最低三点挙げることにする。入手不可能な書籍は図書館やネット販売を利用されたい。

目次

ルネサンス期のイタリア半島

1 天地照応――コスモロジーの時代

「private, privacy」――この言葉にいまだに適訳がないが、それはこの言葉の概念が、障子・襖《ふすま》生活を送ってきた日本（人）にもともとないからである。片や、流行語となっている「かわいい」の場合、今度はその思念が諸外国語になく、あえて英語表現すれば、cool が該当するが、KAWAII のほうが通用する。コスモロジーも同様である。訳語は「宇宙論」だが、これでは明確にその意味するところは伝わらない。

結論を先取りすると、人間は宇宙の一部であって、それと分かちがたく結びついていることである。その具体的事例として、天体（惑星）と人間の性質、学問との関わりが古代、中世、ルネサンスにみられる点である。その関係を熟知することは生きるうえできわめて有意義で、自分は生きているという実感を把握できると考えた。

まず、現在はコスモロジーの時代ではない、とだけ述べておこう。いや、そういう気配は一時期あった。政治的には冷戦が終了し、イデオロギー(政治的な主義主張)の、東西でのせめぎあいが消えた時点で、コスモロジー尊重の時代がもどってきた、という思いを私は抱いた。ところが中国が経済的に豊かになっても言論・思想統制などを行使して自由な社会とはならず、かえって自由な権利を締めつける方向に体制が動き、習近平政権は党の規則を改悪し三期目を迎えた。経済が豊かになったので国民はさしたる不満をもっていないようだが、政治の独裁制は続行されている。ロシアのウクライナ侵攻も同じように位置づけられるが、ロシア経済は芳しくない。北朝鮮はさかんに(大陸間弾道)ミサイルを発射しているが、国民は知らされておらず、食糧難に見舞われ、ほとんど飢餓状態だと聞く。ここにはびこるのは、たとえ共産主義という人民の平等を謳った主義主張が存在しても、内実は支配者のエゴによる悲劇的全体主義国家の誕生と存続である。

ルネサンス文化を育んだ時代も政治・社会的には決して安定しておらず、極端な表現が許されるなら、闘争の時代だった。いまでいうイデオロギーはあったかどうか、ここでは追究しないが、それとは逆のコスモロジーへの眼差しは確かに存在した。具体的にいうと、人間を宇宙の一部と考え感得する思念である。人間は誰からも何モノからも疎外された傍観者・観察者ではもはやない。即ち、人間みずからが、宇宙が内包するさまざまな活動に参加することが可能となった。ひとりひとりの運命と宇宙が密接につながり、このつながりこそが、人生の各場面に意味を賦与した。人間は生きている意義を見出せたのである。こうした状態で感覚できるのがコスモロジーで、日本語で直訳すると「宇宙論」だと冒頭で述べたが、私の論旨上では「宇宙と一体感を抱いて生きること」となろうか。宇宙と人間が「一」になることである。

その場合、位置的立場を勘案すると、宇宙はマクロコスモス、人間はミクロコスモス。両者の照応・呼応が究極的なコスモロジーだと考える。

当時は天動説のコスモロジーだったが、識者たちは宇宙を凝視して、各惑星と人間や学問との関わりを説いた。

惑星は人間に影響力をもち、それを甘んじて人間は受容した。左記に示すとおりである。

天動説では地球が宇宙の中心で、その上に、月（天）・水星（天）・金星（天）・太陽（天）・火星（天）・木星（天）・土星（天）と並び、太陽（天）を境に、その下その上を含めて「遊星天」と呼ぶ。土星（天）の上が恒星（天）で、（キリスト教の）神の御座所のある天球に被われていた。

次は七つの惑星に関する往時（ヘレニズム期）のひとたちの所見である。

(1) 月——人間の目には全惑星のなかで最大にみえる。白色である。巨漢で白い肌のひと。月のようなまるっこいからだや顔、しみついた体軀を創る。誠実なひと、息子や両親を愛すひとである。月はさまざまなかたちをとるので、風変わりな特徴を有しているし、種々な性格を生む。

＊傍点部は文字通り月の満ち欠けを観察している。

⑵ 水星――黄ばんだ鋭い光を放つ小さな星である。華奢《きゃしゃ》なからだつき、蜜色の肌、小さな目。知恵と思慮に充ち、小食である。神々の使者とみなされている。利潤を追求する。動きが速くて詐欺師的である。

＊傍点部から、水星はギリシア神話の「ヘルメス」、ローマ神話の「メルクリウス」である。ルネサンス文化で重要な役割を果たす古代の神である。

⑶ 金星――純白の大きな星で、七惑星のなかで最も美しくて優雅である。詩人たちは金星を美の星として謳歌している。その美しさは炎に似ている。性格として愛想がよく人情味がある。美しくて優しい。

＊傍点部から、月と同色にみえ、地動説で地球に近いことがわかり、明けの明星・宵の明星として現われ、その美しさから「美の神」とされてきた。

⑷ 太陽――全惑星のなかでは巨大なほうである。黄金色。肉づきが豊かで黄金色の肌の体軀を

創る。惑星のなかで最も光輝であり、人間に美を与える。寛大な精神の人間を創る。有能な農夫であって水に興ずる。

＊傍点部から豊穣をもたらす根源だとみていることがわかる。

(5) 火星――大きな天体ではない。炎の色をしている。中肉中背の肉体を創る。赤色の混じった白色である。つっけんどんで不屈の精神の性格で、他に屈しない。厳格で貪欲、怒りっぽくてせっかちである。ウェルギリウス曰く、火星の影響を受けたひとは、厳格・不敬虔・狂人・性急になるという。

＊傍点部から「戦いの神」といわれた。

(6) 木星――中くらいの大きさと明るさの天体。中肉中背の調和のとれた人間を創る。運動はゆっくりで獣帯を一周するのに一二年かかる。木星の美しさは陽気で愉快な面にある。

＊全文から、ギリシア神話の「ゼウス」、ローマ神話の「ユピテル」であることが読み取れる。天界を支配するとともに、人間社会の秩序を守る最高の神。

(7) 土星——人間の目にはふつうの明るさにみえる。土星の色は鉛色で蒼ざめている。あるいはどんよりとしているので、蒼白な肌のひとを、黒い目のひとを創る。七惑星のなかで最も醜悪で陰惨なので、その感化を受けると人間も異様になる。全惑星のなかでいちばん遅く回転する。古代のひとたちがいうには、土星は老であって老いた特質を賦与する。したがって、人間の性質としては、吝嗇・疲弊・憂鬱が一方にあり、他方に賢慮・専心がある。

＊傍点部の最初の「老」から、二つの人間の特徴がわかる。即ち、憂鬱と賢慮を引き出している。老人は吝嗇などと負的要素で嫌われるが、正的要因として人生の生き字引としての知恵者でもある。

以上はおそらく占星術による統計的成果であって、人間はこれらを運命的必然として受容し、それと調和して生きてゆくべきだという意味が含まれていたに違いない。

さらに惑星は諸学問とも関わりをもつ。これは各識者それぞれで、いまはダンテ（一二六五〜一三二一年）の場合を紹介しておこう（『饗宴』による）。それぞれ関連性に理由づけがあるが、いずれも一理ある。ダンテの宇宙観は恒星天では終わらず、その上に原動天、最後に至上天を設けている。

全部で一〇天球である。

月と文法では、陽光によっていろいろに変化する月の明るさが、一方の側で、あるいは他方の側で輝きを発するように、文法もさまざまな語彙や語形変化すること――月の満ち欠けを、文法の語形変化の類似とみての見解で頷ける。ちなみに文法とはラテン語の学習であった。

水星と弁証術では、水星が天上界でいちばん小さな星であることと、弁証術が学問のなかで最も領域が狭いこと。また水星が太陽の光にいちばん強く被われていることと、弁証術が他のどの学問よりも詭弁的で不確実な議論に被われていること。――プラトンはその対話篇をとおして、小手先の弁論術《レートリケー》に対する弁証術《ディアレクティケー》の優位を表現している。

ダンテ

金星と修辞学では、金星は明るく、眺めていて最も甘美であることと、同様に修辞学も甘美で特に理解を旨とすること。また金星は朝夕の二回現われるが、同様に修辞学も、聴衆の面前で話しかけたり文字の背後から語りかけたりすること――金星が美の象徴であり、修辞学が相手を説得する学問であり、それには聴衆を魅了する技量が必要であることを述べて、両者ともに一種の美学であると結論づけている。

太陽と算術では、太陽が他のすべての星に光をもたらすことと、同様に算術も全学問の光であること。また太陽は肉眼では眺められない。同じく算術（数）も無限であること——算術（数）が全学問の基礎であることには同感である（後年、トンマーゾ・カンパネッラの『太陽の都』でも全学問の最初を数学に置いている）。母国語も基本だと確信する。肉眼での不可視と数の無限性の対比も道理である。

火星と音楽では、まずこの二つがきわめて美しい関係にあること。……次に火星の熱が火に似ているがゆえに物を乾燥させ、燃やすことである。蒸気の濃厚希薄によって、熱されていたり、その逆であったりして現われる点である。音楽の調和美《ハーモニー》と火星が醸し出す色彩の豊かさが連想される——この類比は明確ではないが、火星も肉眼できらきらと鋭利な光を放ち、さらに当時音楽とは和声の意味なので、そこに調和美をみたのだろうか。

木星と幾何学では、素晴らしい特質をもつ木星の外側を劣等な土星が、内側を灼熱の火星が回っていて、木星が二つの惑星に挟まれていること。幾何学も、点と円で成り立っていて、ユークリッド（エウクレイデス）が述べているように、円の発端が点であって、点が動いて円をなすゆえに、この学問も点と円の二つの要素で定まっていること——惑星間での木星の位置と、幾何学の位置づけに類似をみている。

土星と天文学では、土星は黄道《こうどう》一二宮を一周するのが遅いことと、同様に天文学は習得・精通するのに最も時間がかかること。また土星は他の天球のなかで最も高い位置にあることと、同様に天文学はアリストテレスのいうように、扱う対象の高貴さと正確さの点できわめて崇高であること——全文得心のゆくものであるので、あえて解説はしない。

このあと三つの天球をダンテは提示している。つまり恒星天は形而上学も含む自然哲学、原動天は道徳哲学、至上天は神学と平安であると。

文法から幾何学まで七つの学問が挙がっていたが、これらは当時、「自由七学芸」と呼ばれ、中世ではその上に哲学があり、哲学が志向したのが神学だった。逆をいえば哲学は神学の僕《しもべ》だった。自由七学芸を今風にいえば、「一般教養科目《リベラル・アーツ》 liberal arts」となろうか。ここの atrs は、技術・芸術の意味ではなく、複数形で「人文系の学問・一般教養科目」を指す。

さらに区分けしてみると、

神学—哲学—自由七学芸

三学（文系）：文法・弁証術・修辞学
月　水星　金星

四科（理系）：算術・音楽（和声）・幾何学・天文学
太陽　火星　木星　土星

となり、ルネサンス期になると、神学と哲学が同列となり、哲学が「道徳哲学」と「自然哲学」の二つに分かれる。

今日の大学でも、パンキョウと短縮されて呼ばれる「一般教養科目」があり、各大学がいろいろな科目を置いている。たいてい一、二年生のうちに単位を取得するのがよく、それも大学側が練りに練った科目配分を充分に考慮・配慮している。学生は真面目に修得してほしい。この一般教養科目、つまり人文系の学問の勉学（大学生になったらもはや、強いられた「勉強」ではなく、自発的に挑む「勉学」の姿勢が望まれる）をないがしろにして、理系の教養科目を特化して学ばせ専門課程への道を優先した（企業からの強い要望で即戦力の学生を求めた時期があった）。そのせいで多くの医理科系の、人文学的な免疫のない青年たちが一定の宗教や信心に魅了され、短絡的で短慮になった。それはちょうど世紀の変わり目に近く、南欧のフィオーレのヨアキムによる千年王国論（至福千年）の思想が想起されるので、「起きた」というより「起こした」のほうが合点がゆく。

簡潔に説明すると、世紀の変わり目には、地震や嵐などの天変地異が起きるというものだ。むしろんその前に神と聖人が降臨して至福な統治を千年行なうという前提はあるけれども。オウム真理教の麻原彰晃が千年王国論を知っていたかどうか私は知らない。同じ一九九五年一月には実際「阪神淡路大震災」という自然災害が生じている。

医理科系の学生が人文系の学知と無縁なせいで起こった悲劇と、宗教のもつ「毒」を承知してほしい。

一七世紀に活躍した南イタリア出身の、詩人にして自然魔術師（哲学者）・占星術師、前述のカンパネッラ（一五六八〜一六三九年）の代表作『太陽の都』の七つの環状の頂上は神殿である（20章参照）。その内装の一部を示しておく。

……祭壇の上には、天球全体を描いた巨大な天球儀と、地球を描いた地球儀があるだけです。そして丸天井には、天のおもな星が残らず描かれています。星のひとつひとつには短い詩句が三行ずつ書きつけられていて、それぞれの星が地上の事物におよぼす働きとが記されています。……

（近藤恒一訳）

といったふうに、天地照応が見て取れる。一六〇二年（刊行は一六二三年）の作品でさえ、こうである。

「血液循環の法則」（一六二八年）を発見したイングランドのウィリアム・ハーヴェー（一五七八〜一六五二年）も、惑星の運行を人体内に見立てて、太陽を心臓として考察を深めたといわれている。

ガリレオ・ガリレイ（一五六四～一六四二年）も、心臓と太陽の類似を尊重したとも仄聞《そくぶん》する。天体の運行との類似《アナロジー》に、いまだ近代科学成立以前の識者たちは、当初、回答を求めたといえよう。いま、主権とか権利といったものの誕生する近代以前のコスモロジーの時代をふりかえることも意義があるだろう。

［参考文献］

カンパネッラ（近藤恒一訳）『太陽の都』（岩波文庫）岩波書店、一九九二年。

B・チェントローネ（斎藤憲訳）『ピュタゴラス派――その生と哲学』岩波書店、二〇〇〇年。

E・カッシラー（園田坦訳）『個と宇宙――ルネサンス精神史』名古屋大学出版会、一九九一年。

モリス・バーマン（柴田元幸訳）『デカルトからベイトソンへ――世界の再魔術化』国文社、一九八九年（再刊は文藝春秋、二〇一九年）。

P・プティ／A・ラロンド（北野徹訳）『ヘレニズム文明――地中海都市の歴史と文化』（文庫クセジュ）白水社、二〇〇八年。

2 気候変動——寒冷化

西洋諸国・地域を研究したり見聞したりすると、その奥に神の存在が必ずあって、ハタと立ち止まる。一見関係のない気候変動もその神の観点から、神を中心に置いて考えてみると、思わぬ識見が入手できるかも知れぬと踏んで本章に入っていこう。信じられぬことだが、神にも厳しい神と優しい神とがあって、それを決定したりしているのは、なんと私たち人間なのである。何という身勝手、冒涜か！　所詮目にみえない神だから、それを修飾し毀誉褒貶《きよほうへん》するのは人間しだい、とまでいったら神は腹を立てるだろうか。

こと気候に関して現在は温室効果ガスによる温暖化が進んでおり、メディアを通じて北極の氷が音立てて崩れゆく窮状が報じられている。海水面が上昇して早晩、海中に没する憂き目に遭いそうな国や地域もあるといわれている。

温暖そのものは大地に実りをもたらし、食糧事情もよくなってひとびとの健康も維持されるだろうが、暑くなれば疫病などの発生も免れまい。公衆衛生という観点から考えてみると、上下水道など土木工学に秀でていた古代ローマ人はべつとして、他の多くの民族にとってその手の施工は至難の業《わざ》であっただろう。気候・天候がおだやかだったら、これに越したことはないが、過度のそれには、留意しなければならない。

しかしながら歴史をさかのぼってみると、そういつも温暖な気候がつづいているわけではない。本章の副題は「寒冷化」なのだが、おそらくこれまで、温暖期と寒冷期がほぼ交互に顕われて、そのたびごとに地上の生物にも変化が生じ、恐竜も死して、最終的に哺乳類のなかでも二足歩行の人間が地球を支配することになった。

その人間は(ここでは欧州を扱うので)「神」を創造した。このことが神をもたぬ日本人には欧州の文化を理解する折、おおいなる難点となる。多くの日本人は盆や年始に寺社にお参りに出向くが、その家の慣例であったり、一年の抱負を願ったりするのがたいはんだろう。信仰心はあるようだが、神や仏を芯から信じてはいない。宗教という信仰の社会的営為には目を向けず、とどのつまりは「私は無宗教だ」と言明する。日本では許されるが、世界ではこのような蛮行は認められない。いまはどうか知らぬが、何一〇年も前に海外に旅客機で渡航するとき、一枚の紙片をわたされた。その内容は二つの問いへの回答だった。

一つは信じている宗教を記せ。二つ目は、(当時)アパルトヘイト(有色人種差別政策〈日本人も該当するが経済大国であったため除かれていた〉）を実施していた南アフリカに渡航した経験があるかどうか。

回答で一に「無宗教」と書いた者なら渡航は無理だろう。二も渡航歴があったらただではすまかった。南アフリカは人種差別政策をやめたのでおそらくもう質問されることはないだろうが、一については最近外国に出かけていないのでわからない。

これといって一定の宗教をもたぬし信じもしていない私たち日本人の大部分は、一応、「仏教徒」、英語で「BUDDHIST」と記しておけばよかろう。無信仰などと記入しては絶対にいけない。西欧のひとは「人間とは信仰をもつ存在だ」とはなからみなしているからだ。これは先入観でも何でもなく常識である。ところで皮肉な見方だが、「無信仰」も「神を信じていない」という一点で信仰のうちのひとつではないだろうか。あながち常軌を逸した見解ではないと思っているけれども……。

気候変動の章なのに、信仰や宗教の話を先行させて恐縮だが、これにはもちろんわけがある。ドイツ（プロイセン）の宗教改革者マルティン・ルター（一四八三〜一五四六年）に登場してもらうためである。

ルターの生きた時代（一六世紀前半）の西欧・南欧に特徴的なのは、すでにそれ以前、疫病（代表的なものに黒死病《ペスト》）の猖獗《しょうけつ》が挙げられる。これは一三四八年から五二年までを中心に西欧・南欧を襲ったとされているが、そのような短期間のものではなく、一八世紀まで年を措いてペストはやってきた。東方からの疫病で、台所など湿気の多い個所に巣くうクマネズミがペスト菌を運んできて人間に感染《うつ》したと考えられている。黒死病の名のように、鼠径部や脇に林檎状のコブができ、それが全身に広がり、時を置かず黒化して息絶える。他人への罹患も早く、ペスト患者の持ち物に触れただけでペスト菌に冒された。ボッカッチョ（一三一三〜七五年）の『デカメロン』第一日目のまえがきで、花の都フィレンツェを舞台にその惨状がなまなましく描かれていて、その迫力ある切迫した描写には身の毛もよだつ思いである。出だしだけでも記そう（ペストを扱った文芸作品にデフォーとカミュのものが著名だが、なんといってもボッカッチョである）。

時は主の御生誕一三四八年のことでございました。イタリアの他のいかなる都市に比べてもこよなく高貴な都市国家フィレンツェにあのペストという黒死病が発生いたしました。これは……神が正義の怒りにかられてわれわれの罪を正すべく地上に下されたせいか、いずれにせよ数年前、はるか遠く地中海の彼方のオリエントで発生し、数知れぬ人命を奪いました。ペストは一箇所にとどまらず次から次へと他の土地に飛び火して、西の方へ向けて蔓延してまいりました。

（平川祐弘訳）

どうしてこのような惨劇が生まれたのか。歴史に「もし」はないといわれているが、かりに当時

（一四、一五世紀の小氷期）のひとたちの食事が栄養に充ちたものであって健康体で、一定の抵抗力もあるならば、そう簡単には感染せず、感染しても死するまでには至らなかったのではないかと思うのだが、これは楽観的にすぎるだろうか。さまざまな条件が重なってのことゆえ、一概に答えは出せないが、あながち間違ってはいないだろう。

だがルターはもっと深刻に事態を捉えていたようだ。ペストに立ち向かえなかった起因に栄養不足があるのなら、農産物の収穫が滞っていた、いや農業生産が不測の事態に直面していたと考えられよう。気候が寒冷で食糧の生産が首尾よくいかなかった。母なる大地が病んでいたのだ。

ボッカッチョ

人間の健康は良き栄養・睡眠などの要素があるうち、栄養が第一だと考える。これを欠くと精神状態も危ぶまれる。「心身」でなく「身心」である。「身」が優先する。道元禅師のいう「身心脱落（自分の身も心にも執着がなくなり、きわめて自由な解脱《げだつ》の境位に達すること）」も「身」が先行している。

欧州の地に軸足を置いて考えれば、彼らの精神的支柱がキリスト教にあるのだから、一神教の「神」が負荷を担うことになるだろう。平たくいえばこの世界は神がお創りになったのだから、万事、神のご意志、神慮による、ということだ。

気候が寒冷化し、農作物がとれなくなった当時、神がお怒りになって天罰をくだされた、とみなせば得心がいったに違いない。つまり「峻厳な神」のもとに一四〜一七世紀のひとや社会は支配されていて、神ご自身にその憤激を抑えてほしかったはずだ。

眼前で次々とペストや飢餓で斃《たお》れてゆくひとたちは、(天国にすぐに行けなかったので)「あの世」(煉獄)」がもう至福ではなく地獄に映った(「煉獄の地獄化」)。金のある層のひとたちは慈善事業(病院や窮民施設の寄進)をしたり、絵画などの芸術作品を教会などに贈ったりした。来世肯定から現世肯定と意識が転換した。

一六世紀になるとローマ教会は、免罪符の代わりに「贖宥状《しょくゆうじょう》(煉獄を通過せずとも天国に直行できるお札)」を発行して、空っぽになった教会の金庫を潤す意向のもと、いたって安易な方法で民衆の心をくすぐった。贖宥状販売の名人もでるほどだった。金さえ払えば天国へ、の謳い文句に対して、ルターは神のご機嫌をうかがうそうした行為を浅はかな策として退け、かえって「峻厳な神」のご意向をくんで、贖宥状を購入しても神の御前では通用しない、救われる人間は生まれる前からすでに決まっているのだという、容赦のない「予定説」を表明した。神のおおいなる慈愛はいったいどこへいったのか。これには聖母マリア信心を主張していたカトリックが反旗を翻すのは目にみえていた。カトリックとは「普遍的（な）」の意味で「一」の世界だが、ルターによって「二つ」に割れた。気候の寒冷化は、農産物の収穫を衰微させ、家畜を伝染病で死に陥れ、ひとびとから健康（体力）を奪い、ペストの蔓延を許した。さらにトマス・アクィナス（一二二五？〜七四年）によって構築された合理的なスコラ神学に揺らぎが生じた。なぜならスコラ神学の理論的体系（秩序）でも、ペスト体験者の信仰は充たされず、いつのまにか合理が信じられなくなって神秘へと移行し、あえて名づければ神秘主義神学となった。

ルターの宗教改革は、度重なるペストの上陸によってとうぜんのごとく生まれた終末論意識の昂揚の裡《うら》で起こったといえよう。ルターは「峻厳な神」をつくり、心苦しい表現だが、それまで募らせてきた腐敗しきったローマ教会に対しての批判もうまく利用して、宗教改革の先鞭をつけた。

私たち日本人からすれば、寒冷化で困窮する諸階層のひとたちの目を、神に修飾語を付すことによって、都合よく他に目をそらせた、とみえなくもない。日本で「天変地異」と発言した場合、その起因を神道の神、あるいは仏教のいずれかの仏に求めれば、ひとびとの納得がいくのだろうか。はなはだ疑問である。翻ってみれば、ここに一神教の神の責務と受容（快、ないし、苦がある）がある。

「峻厳な神」はいってみれば、「ひとを死に追いやる神 la divina mortifera」とも言い換えられる。この神をなだめ歓ばせるためにひとびとが慈善活動や貧者・病人などを救う隣人愛を実践したことはすでに述べた。これは裏を返せば、自己の信心や主義主張を異にするひとたちを敵として争う

「宗教戦争」の発端の恐れともなろう。この時期、宗教的対立が多く、壮年から教皇庁の書記官を務めた、文献批判学の祖であるロレンツォ・ヴァッラ（一四〇七〜五七年）は切実に、「宗教の融和」を説いている。一五世紀前半のことで、ルターの宗教改革のおよそ一世紀前のことである。

「峻厳な神」があれば、「柔和な神」もいた。

一一〜一三世紀の気候は温暖だった。一〇九六年には第一回の十字軍が起こっているから、進軍のための道路もできていただろう。文化的には暗黒時代だったが、農業では「三圃制《さんぽせい》」が成功している。輪作の一種で、肥料というものがなかった中世後期の農民たちの工夫によって成果をみた方法である。秋作（小麦、ライ麦）→春作（大麦）→休耕地（地味の回復のために農民〈村人〉は家畜の共同放牧を行なった）。これは気候が温暖だった証しである。

商業は3章で詳述するが、ヴェネツィア、ジェノヴァを中心とした「地中海交易」、それに北ドイツのリューベックを中軸とした「ハンザ同盟」の隆盛を挙げておく。

西欧・南欧・北欧は農業・商業ともに盛行をきわめ、富を築き上げた。

宗教面で念頭にあがるのは、「ドミニコ修道会」（スペイン）「フランチェスコ修道会」（イタリア）などの托鉢修道会が時の教皇の認可を得て、活発な活動を開始した点だ。托鉢修道会はもっぱら信者の喜捨によって生活し、修道院外での布教活動に専心し、一所定住の義務はなかった。この点、従来の修道士とは異なっていた。質素な生活を心がけ、必需品以外、個人としても団体としても財産をもたず、使徒的生活を理想として民衆の信仰生活に斬新な息吹を与えた。前述の二つの会の特色としては、大雑把にいって前者が知的探求を、後者は清貧を目指していた。

さらに時代が進むにつれて頽廃・腐敗してゆく聖界とは違って、この頃はまだ宗教心を失わず、教皇を頂点に聖職者が「神への執りなし役」として正常に機能しており、告解、終油などを介して、神からのお許しが信者に賦与されていた。キリスト教の神は「寛容」であられたのだった。

気候が温暖だと、寒冷期とは異なってこうもたくさん相違がでてくるものか、とおどろいてしまう。環境の良し悪しがいかに大切かが身にしみてくる。

一七世紀になるとふたたび「寒冷期」に見舞われるが、私たちの目はガリレオ・ガリレイを端緒とした「科学革命」に奪われがちだ。一方、同時期（一五五〇～一六四〇年）は「魔女狩り」が、特にアルプス以北の、イタリアよりも、文化的にも経済的にも遅れた地域でさかんに行なわれている。

この二つの「出来事」を神がどう認識し、その神にキリスト教徒のひとたちがどういう呼称を付すか、興味深いところである。凶作と飢饉は寒冷期だから常に存在した。

魔女狩りは15章で詳しく言及するが、一種の「犠牲の山羊《スケープゴート》」として魔女狩りが妥当だったとしたら「残忍な神」だ。

科学革命で宗教（キリスト教）と学問が分離し、その後の小文字で複数形の科学革命（トマス・クーン）によって何度か価値観《パラダイム》の転換があって、さらに学知が宗教から離れて自立の道を歩み始めるが、そうなっても神は信者を失うことなく、宗教として「自律した神」としていまも健在である。但し、ルター後、新教内でいくつかの宗教改革が起こっており、カトリック側でもイエズス会の誕生などに鑑みて予断を許さなかった。

ルネサンス文化の時代的上限はここまでで、科学革命と魔女狩りはいってみれば、明暗の並行的進行で、新旧の時代の転換点《ターニングポイント》でもあった。

やがて寒冷期や温暖期を乗り越えられる科学的発明の時代がくるかもしれないが、自然環境の変異に勝てるだろうか。現在は冒頭にも記したように、温暖期ならぬ温暖化といったもっとまずい事態に陥っており、かりに、中世後期の温暖期、ルネサンス初期の寒冷期……とつづいたルネサンス文化現象からいくばくかの学ぶべき事例があるのなら、是非にと、懇願したい。

＊本章執筆は、石坂尚武『苦難と心性——イタリア・ルネサンス期の黒死病』（刀水書房、二〇一八年）に拠った。

［参考文献］
石坂尚武編訳『イタリアの黒死病関係資料集』刀水書房、二〇一七年。
鈴木秀夫・山本武夫『気候と文明・気候と歴史』朝倉書店、一九七八年

ボッカッチョ（平川祐弘訳）『デカメロン』河出書房新社、二〇一二年。

村上陽一郎『ペスト大流行——ヨーロッパ中世の崩壊』（岩波新書）岩波書店、一九八三年。

湯浅赳夫『文明の人口史——人類と環境との衝突、一万年史』新評論、一九九九年。

エマニュエル・ル＝ロワ＝ラデュリ（稲垣文雄訳）『気候の歴史』藤原書店、二〇〇〇年。

3 商業の発展——地中海交易と東方貿易

経済が「回らない」と社会が沈滞する。コロナ禍で経験済みだ。だが規制を緩和すると感染が拡大し始める。本章の場合、大きな意味でルネサンスもその一部とする中世で、地域は地中海の地中海交易から、地理上の発見によって東方貿易、南米への政治的・経済的侵攻、の順となる。経済用語で述べると、⑴「商業ルネサンス」⑵「商業革命」⑶「価格革命」となって、「商業ルネサンス」の際には日本産出の銀も関係してくる。経済は失速することはあっても停止はしない。その縮図が本章で語られる。

この章は大きな枠組みで括ると「経済」問題である。

ヤーコプ・ブルクハルトの名著『イタリア・ルネサンスの文化』(一八六〇年)は多岐にわたってルネサンスの文化現象を論じていて、ルネサンス研究者の必読書だが、経済への言及に欠けている。文化論だからいたし方ないと反論されればそれまでだが、文化と経済は分かち難く結びついていると私は考えるし、読者諸賢もそうだと思う。

経済が豊かだと社会生活にも余裕ができて文化が芽吹く。一般的にこの見解が正論だろう。ところが2章の「気候変動」で述べたのと似て、どうもルネサンス期の経済状態は芳しくなかったようだ。ルネサンス文化の興隆を、ことあろうに経済の沈滞と結びつけた研究者がいた。ペストなどで仕事が減り働く意欲や機会がなくなると、ひとびとは金銭を、利益の見込みのない金融投機でなく、芸術に投資した、という説だ（ロバート・S・ロペス）。これに反駁した説の代表では、人口統計学的危機がルネサンス期の経済を不景気にしたのではなく、一人あたりの稼ぎが以前と同じかあるいは高くなって、新たな平衡へと導いたと主張した者がいる（カルロ・マリア・チポッラ）。経済の低迷が逆に文化への投資を導くという説と、豊かさこそが文化を育んだという説。前者のほうが思考にひねりがあって興味深い。どちらが正しいかの回答はいまは置くとして、中世の経済状態から順を追ってみていこう。

地中海交易に論及するまえに、地中海の意義について考えてみたい。日本の瀬戸内海に比される地中海という内海は、イタリアへの旅で実見してきたが、波はおだやかで、平均気温が高いので空は湿気で霞《かす》んでいて、半島の爪先に当たるレッジョ・カラブリアからシチリア島最高峰エトナ山の遠望はいつも無理だった。この海を「われらが海 mare nostrum」とせんと希求した野心家は多く、果たせずに世を去った者もいる。なかでもゲルマン人による「われらが海」の達成を目指した神聖ローマ皇帝フリードリヒ(フェデリーコ)二世(在位一二一二～五〇年、シチリア王在位一一九八～一二五〇年)は志半ばで病没した。皇帝の企図は南イタリアから半島を北上しての策だったが、フィレンツェまで到達せずに無念の最期だった。もっとも兵力で優位に立っていたとしても、財力の面で北イタリア征圧は見込み薄だったという説もある。皇帝の死は一二五〇年と切れのよい年で覚えやすい。この逸材を「最初のルネサンス人」と呼ぶ研究者もいる。実際、シチリアのパレルモを中心にさまざまな文化に関心を抱き、本人も数カ国語を駆使し、第六回十字軍を指揮してイェルサレムに無血入城を果たしたほどだ。

地中海での交易はたとえ衰えた時期があっても絶えることはなく、ここで扱うのは「中世後期の地中海交易(路)」である。地中海沿岸の港湾都市をつないだ交易である。貿易とまでいかないのは、ニュアンスとして地域に限界があったためと私はみている。イタリア半島を間に挟んで、東と西とに大きく分かれる内海だが、南北では西欧の南岸の港とイタリア半島の諸港、それに対して北アフリカの二、三の港町が関わってくる。

活躍したのはヴェネツィアとジェノヴァの商船隊だった。彼らは東地中海を中心として活動した。アドリア海の女王ヴェネツィア、東ローマ帝国のラグーザ、コンスタンティノープル、アンティオキア。北アフリカのアレクサンドリア、トリポリ、チュニス。チュニスの真北にジェノヴァ(この

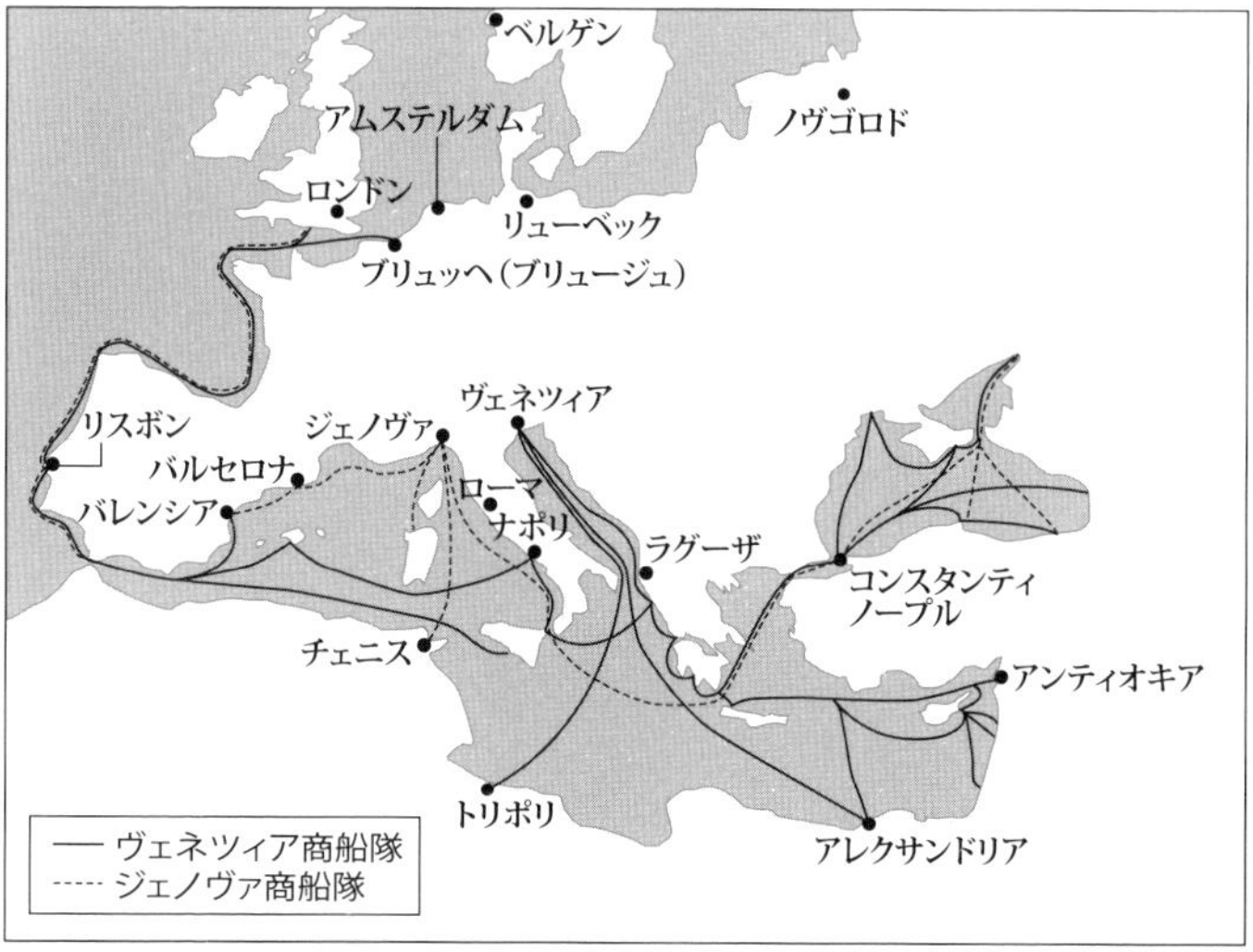

中世後期の地中海交易路

繁栄を誇った、コロンブスを輩出した都市がルネサンス文化に名を留められなかったわけは一考の価値がある）。スペインのバルセロナ、バレンシア、さらにジブラルタル海峡を越えてポルトガルのリスボンまで。内海を一周した。

ヴェネツィア、ジェノヴァの商人たちは地中海だけでは気がすまなかったのか、陸路でアルプス山脈を越え、西南ドイツを目指した。この地には一五世紀末から財をなしてゆく、イタリアのメディチ家と並ぶ銀行家であるフッガー家がある。南ドイツでは銀が採れた。

一方、地中海交易には北ドイツのリューベックを盟主と仰ぐハンザ同盟（他にロンドン、ブリュッヘ〈ブリュージュ〉、ベルゲン、ノブゴロド〈内陸都市も含む〉）も参加している。

こうしてみると地中海は内海という性格を

十二分に発揮して隆盛をきわめたことになるが、アラブ・イスラーム勢力が北アフリカを征した八世紀後半から、この海が南北の交流をさえぎる存在となった。

このような観点に立ってもう一度冒頭の二人の見解に耳を傾けてみると、中世後期の温暖期による農産物の豊穣、交易による経済的利益に鑑みて、ルネサンス文化の経済的基盤となったのは、中世後期の商業の所産ではなかったか。

考えてもみよ。一二世紀の城郭やケルン・ミラノの大聖堂のほうが、ルネサンス期の、「角がとれた円満な丸っこいルネサンス様式」の教会や宮殿よりも、人員や時間や経費をかけて建造されたに違いない。かけるだけの資産があったのだろう。べつの言葉でいうとそれだけ金銭的ゆとりがあった。ペスト席巻で「峻厳なる神」の怒りをなだめようと、寄進というかたちでの教会などの建築ではなく、大聖堂をつくったのだ。ゴシック様式はゴート人の様式というような意味だろうが、天まで届く高い塔を擁する、神を尊崇する姿勢に神は微笑を浮かべただろう。

ちなみにゴシック様式の建築を特徴づけるのは、「柱」重視の建造方法だった。それ以前の「壁」尊重がロマネスク様式で、内部に光は差し込む余地はない。ルネサンス様式の場合は「人間の尺度に合わせた」造りが大切にされた。それぞれ時代によって建築様式にも相違がある。

ゴシック様式で柱重視だと窓が誕生する。窓を埋めたのがステンドグラスだった。この多種多様なガラスによって、中世のひとたちの信仰心が深まることになる。まず知ってほしいのは、光には二種類あるということだ。自然光で被造物である光、人間の影を作る「ルーメン lumen」と、内面の光「ルクス lux」である。もともとひとの知覚器官には世界を認識する内面の魂、イデアが宿っている。つまりいずれかが神とひととの間に遍在する神秘な光である。ルクスはもとはといえば自然光だが、ステンドグラスを通して教会内部に流れてくると、内部が色とりどりの光にあふれ、それが信者の内面に入っていって信仰心をいっそう高める役を果たす。ルーメンは地上にただあふれる自然光として、採光認識学（ロジャー・ベーコン）の研究対象となり、これに数学が加味されてルネサンス期に「遠近法」の確立をみる。

光を二分して把握したキリスト教徒の発想は素晴らしいと思う。そこには常に神への深い敬虔の念が見て取れる。

大聖堂が話題となったので、中世後期の三大遺産を挙げておこう。

◆ケルンやミラノのゴシック様式の大聖堂
◆トマス・アクィナスによる「スコラ神学」
◆ダンテの『神曲』（この訳語はアンデルセン〈森鷗外訳〉『即興詩人』の本文による。正式には『神聖喜劇』）。

三つとも中世の厳格なカトリック思想の下に考案されている。

ここで本章のテーマである「商業ルネサンス」「商業革命」「価格革命」に触れておかねばなるまい。

(1)「商業ルネサンス」とは、かのベルギーの史家アンリ・ピレンヌ（一八六二〜一九三五年）の術語である。アラブ・イスラームの北アフリカ進出で地中海が南と北に遮断されたとすでに述べている。さえぎられるまでは西ローマ帝国崩壊（四七六年）後も地中海の交易が盛んだったのは、「遮断」されてはいたが、社会経済的に連動がつづいていたので一一世紀にルネサンス（復活）を迎える。北イタリアを中心に、北海、バルト海も交易地域に入って商業が隆盛し、貨幣経済も復興して、都市の拡大や成立をもたらした。先述の地中海交易を補う説である。

(2)「商業革命」とは、端的にいって、新大陸の発見による大航海時代に起こった、世界的規模の産業・貿易体制の転換を指す。一四九二年は、スペインからイスラームが追放された年でもあるが（グラナダ陥落）、コロンブスが新大陸を発見した記念すべき年でもある（ジェノヴァ人コロンブスは生涯に四度航海に出ている。スペインの援助による）。スペインが中南米に広大な植民地を獲得し、その地で採掘された金銀が多量に欧州に流入した。この銀山では現ボリビアのポトシ銀山が著名だが、採り尽くされると、今度は日本の生野《いくの》、石見《いわみ》銀山の銀が世界に流通することになる。当時は銀で取引が行なわれていた。江戸幕府は日本の銀の流出に気がつかず、鎖国の完了後もつづいた。銀の流出を禁じるのには一定の年数がかかったが、鎖国になっても日本は国際金融に一役買っていたことになる。

商業革命ではもう一点、ポルトガルが主導権をとった革命がある。人文主義者ニッコロ・マキァヴェッリ（一四六九〜一五二七年）から世にこれほどあくどい教皇はいない（大意）と評されたアレクサンデル六世（在位一四九二〜一五〇三年）のもと、スペイン帝国とポルトガル帝国が世界を勝手に二分した条約（トルデシリャス条約。一四六四年）を結んだ。この条約にもとづいて、日本も含めてアジア方面を掌中にしたポルトガルが香辛料貿易で富を得、スペインともどもイベリア半島が欧州に取って代わって貿易の中心となった。一種の「遠隔地貿易」の地理的変化であるが、だからといって欧州の港湾都市が衰退したわけではなく、あくまで比較の問題である。

(3)「価格革命」は商業革命と深く関係がある。中南米から欧州への金銀の移入で、欧州の物価が一挙に二、三倍にあがった。スペインから全欧に拡がったが、この急激な物価高騰によって初期資本主義が促進されたといわれている。革命たる所以である。今般のロシアのウクライナ侵攻でも世界的規模で物価が高騰しているが、「風が吹けば桶屋が儲かる」流に考えれば得心もいくだろうが、市民にとってははなはだ迷惑である。

冒頭に掲げたロペス曰く、「ルネサンスは経済的黄金期でもなく、中世の適切な安寧から近世の繁栄へのなめらかな移行でもなかった」と。微妙な定義であるが、明確に位置づけられないがゆえに、ルネサンスの経済分野には妙趣を覚える。

地理上の発見（大航海時代）は、一四八八年の「喜望峰の発見」（バルトロメウ・ディアス）、その一〇年後の一四九八年「インド洋航路の開拓」（ヴァスコ・ダ・ガマ）で活気を帯びた。当時の船舶は複数の港に寄りながらの、天候の具合も視野に入れての航海だった。もちろんスエズ運河が完成していたわけでなかったけれども、喜望峰を巡って東西の貿易が活発化した。これを欧州中心だと「東方貿易」、アジアに視点を置くと「西方貿易」となるが、普通「東方貿易」と呼ばれている。海路はこの時代からだが、陸路も含めてまとめると、欧州から東方（インド・中国・インドシナ・インドネシア〈・日本〉）へは銅、毛織物、果実が各時代を通して輸出された。北イタリアの商人がその仕事を請け負って富を築き上げた。

他方、東方から欧州へは、古代は「絹の道《シルクロード》」で知られているように絹が、中世・ルネサンス期では香辛料が、近世では茶葉と綿布が代表的な輸入品だった。むろん絹が古代だけでなく、他の産物も時代を経て移入が継続された。

香辛料が人気を得たのは食物の臭い消しに加えて高級感が味わえたからだといわれている。茶葉は陸路での記録は残っておらずみな海路である。航海中に茶葉（新茶＝緑茶）は三種類に変化した。発酵させなければ「緑茶」のまま。発酵させると「紅茶」に。発酵を途中で止めると「ウーロン茶」へと変化した。イングランドでは茶を薬として服用した。当初は緑茶だったが中南米からのサトウキビによる砂糖の流入で、紅茶のほうが愛飲され始め、それがやがて日本に逆輸入された。紅茶には砂糖やミルクを足すから物質文化、緑茶を精神文化と分ける研究者もいるが、このような単純なものではないと私は考える。

コーヒーはその実がエチオピア原産で、そこからアラビア半島（のモカ）へ、そして一七世紀後半に欧州に伝わった。またカカオは一六世紀末に新大陸から欧州に入って、チョコレートやココアの原料となった。

飲物の話をしたので、欧州の水質について語っておきたい。

イングランドで茶を薬にできたのは、水がそのままの状態で飲める、飲んでもからだに差し支えない質のものだったからだ。イングランドは日本と同じく川の流れが速く火成岩層の上を行く急流が多く、海までミネラル（カルシウムやカリウムなどの鉱物性栄養素の総称）が沈殿する「軟水」である。片や、大陸や北米の場合、川はゆっくりと流れる大河で、石灰岩の上を流れるので、ミネラルが沈殿せず多量のまま「硬水」となる。ミネラルが多い硬水を飲むと経験上、腹痛を覚え下痢を催す。大陸での飲料水はみなペットボトルで販売されている。

＊本章執筆は、ロバート・S・ロペス「困難な時代と文化への投資」〈ウォーレス・K・ファーガソン他五名〈澤井繁男訳〉『ルネサンス――六つの論考』所収、国文社、二〇一三年〉に拠った。

〔参考文献〕
大黒俊二『嘘と貪欲――西欧中世の商業・商人観』名古屋大学出版会、二〇〇六年。
齊藤寛海『中世後期イタリアの商業と都市』知泉書館、二〇〇二年。
星野秀利〈齊藤寛海訳〉『中世後期フィレンツェ毛織物工業史』名古屋大学出版会、一九九五年〈二〇二二年にリ・アーカイヴ叢書として再刊〉。

4　融和と調和——ペトラルカによるキリスト教人文主義

キリスト教人文主義はルネサンスという文化現象をいちばんわかりやすく表わす術語である。日本ではこの四月からの新課程の教科書で、その生みの親であるペトラルカが本文に登場することになったそうでうれしいかぎりである。きっとペトラルカへの注目度が高まるであろう。このひとは優れた詩人でもあり、散文の書き手でもある。その衣鉢を継ぐ弟子たちがフィレンツェ共和国をミラノ公国から守り、読めずにいたギリシア語を読解可能とし、一五世紀前半の初期フィレンツェ・ルネサンスを開花させる。本章はその経緯を綴ったものである。

ペトラルカの日本への紹介はダンテやボッカッチョよりも遅れた。そのせいで「諸作品」という囲い記述欄に、ペトラルカ作『詩集』と載っていた。ペトラルカの作品はその九割がラテン語表記で、掲載されている『詩集』はイタリア語だった。ダンテの『神曲』もボッカッチョの『デカメロン』も俗語（トスカーナ語、現在のイタリア語の素）表記だったので、各国語への翻訳も円滑に進んだのだろう。両作品とも日本には英語からの重訳で昭和初期までには紹介されている。ペトラルカのラテン語作品の本格的な翻訳は一九八〇年代からである。

たいていダンテ、ペトラルカ、ボッカッチョの順で言及し、「文学上での二(三)大巨匠」と説明する。3章でも述べたように、ダンテの代表作『神曲』が、中世後期の三大遺産の一つで、ルネサンス文化を担うものでない。ダンテによって「中世の幕が閉じられた」からである。これが昨今の学説である。一読すれば一目瞭然だろう。

ペトラルカをあとに回し、『神曲』と『デカメロン』を比較すると、中世とルネサンスのべつがはっきりする。

『神曲』の原題は、*La Divina Commedia* で『神聖喜劇』が適訳であるが、鷗外がアンデルセンの『即興詩人』翻訳時に『神曲』と訳出したとはすでに述べている。これを行進曲と勘違いする学生もいて知識の有無に隔世の感を覚える。Commedia とは「喜劇」、というよりは「大団円」の意味で、なるほど喜劇はいずれもハッピー・エンドで終わる。この円に破綻が生じると悲劇となる。大団円の具体的な表現は、主人公ダンテが「神にまみえる」、つまり「見神」をすることで表わされている。ダンテという詩人がみずからの名前であるダンテを主役にした点で、近代的なエゴの発露をみて近代的作品とみる文学者(伊藤整)もいる。

全体は「地獄篇」「煉獄篇(浄罪界)」「天国篇」の三部構成で、この三界をダンテが一週間でめぐる叙事詩である。登場人物は、古代、中世の聖人・偉人・教皇・威徳の人物など、有徳なひとびとが選ばれている。なかには当然、古代ギリシアの哲人たちも含むはずだが、異教徒という理由で「辺獄《リンボ》」(地獄篇・第四歌)に置いている。これからも正統派のカトリックの立場にダンテが立っていることがうかがえる。即ち、この大作はカトリックの世界観の体現といえよう。宇宙観は1章で示したように天動説である。

これに対して『デカメロン』では、『神曲』の凝り固まった思念を笑い飛ばしている。ペスト来襲期(一三四八〜五二年)、疫病の悲惨さを執筆動機としたともいわれている(ペストは以後一〇年おきに欧州やイングランド各地を席巻した)。詳しくはこれから記すが、眼前で力尽き斃《たお》れ没してゆくペスト罹患者に、神の降臨はなかった。市民の人生観・世界観が一変した。描く対象は一三、一四世紀に生き活躍した市民(商人)、庶民、職人、各地の一般人、下級騎士階層で、テーマとして恋愛・勇武・運命・商人気質など、『神曲』と一線を画して世俗に徹していた。これより『人間喜劇』とも称されている。

さてペトラルカである。

このひとはフランチェスコ・ペトラルカ(一三〇四〜七四年)が本名で、名前からして名づけたと思える父親がフランス贔屓《ひいき》だったことがわかる。父親とダンテが友人でその膝に抱かれたことがあるという逸話も残っている。生涯貫いたのは「詩的魂」を忘れなかったことだと私はみなしている。彼の散文読後には、詩的な清冽な世界が展開する。「桂冠詩人」という名誉ある地位を受けているが、これを授けたのが、当時ナポリを支配していたフランス・アンジュー家のロベルト王だったことはあまり知られていない。南イタリアのナポリをフランスが？　という疑問を抱くだろうが、このせいでフランスがスペインにナポリを奪われたのちもナポリへの触手を伸ばすことになる。

ペトラルカ自身、詩人として立ってゆきたかったかどうかわからないが、事実上の生活費は聖職禄に拠った。父の方針として法学を修めるために、当時の法学の中心大学であったイタリア中部のボローニャ大学に籍を置いた。ローマ法の研究が主たる課題だが、古代異教の文献に触れる機会を得て、キケロやセネカの文章に出会う。この両名はもちろんキリスト教徒ではなく、異教の多神教者だが、人生を生きる姿勢・態度として「人文主義」を掲げていた。これにペトラルカが魅了された。

そのわけは当時はアヴィニョン教皇庁の時代（一三〇九～七八年）で、ローマと南仏の地（アヴィニョン）にそれぞれべつべつの教皇が位に就いていた。ペトラルカは南仏にいたが、要するにキリスト教じたい一枚岩でなくなり、それは中世からのスコラ神学も危機的状態に陥っている証しだった。繊細なペトラルカはなんとかして、向後に新たな生きる指針を見出すべく思案することになる。

そこでひらめいたのが、異教の人文主義とキリスト教の折衷・融和であった。人文主義が主義《イデオ》主張《ロギー》といった政治的なものでなく、「生きる姿勢・態度」を表わしているとはすでに述べた。つまり「(現世を生きる)方法・方途」を指す。こうした発想の根本には、ペトラルカ自身のラテン民族重視の思考があった。彼は西ローマ帝国滅亡(四七六年)から、当代(一四世紀半ば)までを、「滅亡」前の「黄金期」との「間の時代=中世=暗黒時代」と名づけた。半島がゲルマン民族(ランゴバルド族)に征圧されていた時代を中世暗黒時代としたのである。中世暗黒説の提唱者はペトラルカだった。

ここに私たちが読み取るべきものとして、ペトラルカが歴史を、古代・中世・当代(現代)と区切ったという「歴史意識」の発露がある。これまで歴史は書かれてきたが、年代記風のものが多く、歴史意識をもった書はめったになかった。これがペトラルカの「発見」の第一である。

フランチェスコ・ペトラルカ

彼の唱えた調和思想「キリスト教人文主義」とは、「天国に行くためにこの現世をいかに善く生きてゆくべきか、その方法を、古典古代の偉人たちの書を読むことで人格形成をして人間的教養を涵養し、身に着けてゆく生活態度」を意味する。キリスト教からは善い生き方をするための「倫理」を、人文主義はそのための「現世での生活方法」を、ペトラルカが上手に止揚した。should の世界と how to の世界の融合である。

イタリア語で人間を「uomo」という。人文主義を「umanesimo」と呼ぶ。英語では、humanism というが、現在この単語は「人道主義・博愛主義」の意味でもっぱら使っているが、そちらには「humanitarianism」を用いるべきである。

ペトラルカの作品に特徴的なのは「書簡集」で、そのなかでも『親近書簡集』や『後世の人に』が有名である。次は『親近書簡集』の一節。

魂のほかになんら感嘆すべきものはなく、魂の偉大さに比べればなにものも偉大ではないということ、このことを私は異教の哲学者たちからさえもとっくに学んでおくべきだったのに、いまなお地上のものに感嘆している、そういう自分が腹立たしかったのです。いまや私は、山を見ることには飽きてしまって、内なる眼を私自身へと振り向けました。

（近藤恒一訳）

この文面は『親近書簡集』のなかでも最も著名な「ヴァントゥウ登攀《とうはん》記」の一節である。南仏にあるこの山にペトラルカは実弟とともに登った（一三三六年四月）。山頂で下界の眺望に感銘を受けつつ、たまたまアウグスティヌスの『告白』の第一〇巻を紐解き、ひとびとは外の風景に讃嘆しているが、自己自身の内的風景は等閑視している（大意）を読み、内面こそが第一義であるとして「内面」を発見する。これが第二の発見となる。また山上からの風景《パノラマ》も筆舌に尽くし難く「風景」の発見に至る。第三の発見である。

都合ペトラルカは三つの「発見（歴史意識・内面・パノラマとしての風景）」をした。何気ない発見かもしれないが、私には貴重と思われる。とりわけ当時のひとはアルプスの山々には魔物が棲むといって登山を嫌っていた事実もある（日本の山岳仏教〈修験道〉を例に、西洋の教会は魔物怖さに山林に存在しなかったという論攷もある）。

優れた人物には優秀な弟子ができるのだろうか。ペトラルカの場合もその例にもれなかった。一人の師事者に二人の識者がつづいた。

この世代（一五世紀前半）を総称して「ギリシア語修得第一世代」と呼ぶことにしよう。というのも当時のイタリア人は、南部のわずかな地域のひとたちを除いてギリシア語を理解できなかったからで、ギリシア語を意図的に学ぶ必要があった。ルネサンスを「古代ギリシア・ラテン文化の復興」と呼ぶと、ギリシア語の文献のほうが先に復活したかのように聞こえるが、実際はその逆である。イタリアじたいがラテン民族の故地であり、ローマ時代の遺跡や遺産が遺っていて、親近感が他国より強かった。

三人の人物を挙げるが、みなキリスト教人文主義者である（以降、人文主義〈者〉と略記）。

一人目は、コルッチョ・サルターティ（一三三一〜一四〇六年）でフィレンツェ共和国第一書記官長の重職を担った。書記官長の仕事とは実質的に外交担当の事務次官だ。とりわけフィレンツェの場合、イタリア中部にかなり広大な領土をもつ都市国家（共和国）だったので、半島の他の列強相手に常時シーソー・ゲームを繰り返していた。相手は、北のヴェネツィア、ミラノ、南のローマ教皇、ナポリ王国であった。10章で扱うニッコロ・マキァヴェッリも（第二書記官長時）外務官僚として活躍した逸材である。

サルターティの時代はミラノ公国と交戦中で、特に大公ジャン・ガレアッツォ（一三五一〜一四〇二年。ヴィスコンティ家）が相手で接戦が展開された。シエナ共和国もともに戦ったが、フィレンツェが共和制を堅持したのに対し、シエナは敗北すると君主制を甘受した。大公が一四〇二年に急逝して戦局が一変し、ミラノ公国は傭兵隊（長）に依存するようになっていった。このときフィレンツェ市民が勇敢に戦ったので、この期を「市民的人文主義」と名づける研究者（ハンス・バロン）もいる。戦闘を指揮したサルターティが卓越した人文主義者であったのはもちろんだが、最も際立った功績はビザンツ（東ローマ帝国。ビザンツとはコンスタンティノープルの古名ビザンティウムにちなむ）からギリシア語教師としてマヌエル・クリュソロラス（一三五〇?〜一四一五年）をフィレンツェ大学に招聘し（一三九七年）、ギリシア語の講座担当講師としたことだろう。

サルターティの弟子で、書記官長職を継ぎ、クリュソロラスにギリシア語を学んだ秀才がレオナルド・ブルーニ（一三七〇～一四四四年）である。彼はギリシア語を完璧に修得すると、ギリシア語文献の翻訳に従事した。主な訳業にプラトン著『パイドン』（魂について）、『ソクラテスの弁明』、『国家』、『法律』、『パイドロス』（美について）、プルタルコス著『英雄伝もしくは、対比列伝』などがある。『英雄伝』はルネサンス期を通じてよく読まれたベストセラーである。一二世紀にアリストテレスの著作が、（ギリシア語）→アラビア語→ラテン語に翻訳された。その師であるプラトンの著作品は一五世紀までたった三作品しかラテン語に翻訳されていなかった。『ティマイオス』（自然について）、『メノン』（徳性について）、『パイドン』（魂について）である。したがってブルーニの功績は大きく、加えて彼は自著『イタリア人民の歴史（未完）』を著わしている。

三人目がメディチ家のコジモ・デ・メディチ（老コジモ）の友人、ポッジョ・ブラッチョリーニ（一三八〇～一四五九年）である。ポッジョは能筆家と知られ、その才能を写本収集にいかんなく発揮した。コンスタンツ公会議（一四一四～一八年）に随行した際、独仏の修道院で眠っている写本を発掘してみずから数一〇日をかけて引き写しフィレンツェに持って帰った。キケロなどの文献がポッジョの手で蘇ったが、なかでも特筆に値するのは、ルクレティウスの散文詩的哲学書『物の本性について』であろう（このなかの一節が、ボッティチェッリの名画『春』の誕生を促すことになる）。これらはイタリアで知の大旋風を引き起こした。ポッジョはまた、奇抜な物語作家でもあって、その後教皇庁で尚書官の役に就いた。

ペトラルカの衣鉢を継ぐかたちとなった三名の才人たちは、それぞれ時代の必要性《ニーズ》に応えて活躍した。だがフィレンツェの「共和制」は事実上ここまでで、以降メディチ家が裏で操る疑似共和制国家となってゆく。

最後に、ペトラルカの思考態度をみてもわかるように、ルネサンスは「寛容・寛大な時代」といわれてきたのと違い、さらに度重なる宗教戦争や王位継承戦争などに鑑みるに、ひとびとの志向・希求は敵対国(者)同士、ないしは異種なるモノの間の「調和・融和・折衷」にあったのではないだろうか。

〔参考文献〕

近藤恒一『ペトラルカ研究』(新版)知泉書館、二〇一〇年。

ヴェスパシアーノ・ダ・ビスティッチ(岩倉具忠・岩倉翔子・天野恵訳)『ルネサンスを彩った人びと――ある書籍商の残した『列伝』』臨川書店、二〇〇〇年。

スティーヴン・グリーンブラッド(河野純治訳)『一四一七年、その一冊がすべてを変えた』柏書房、二〇一二年。

ペトラルカ(近藤恒一編訳)『ルネサンス書簡集』(岩波文庫)岩波書店、一九八九年。

――(近藤恒一訳)『わが秘密』(岩波文庫)岩波書店、一九九六年。

――(池田廉訳)『凱旋』名古屋大学出版会、二〇〇四年。

――(池田廉訳)『カンツォニエーレ 俗事詩片』(新装版) 名古屋大学出版会、二〇二二年。

5 時代の転換期——ペスト席巻とボッカッチョ

時代にはその前の時代との「転換点（期）」があって、それがある一定の幅をもつこともあったり加速度的な場合もあったりする。ペスト席巻による惨憺たるあり様を分析すればするほど「時代」の内奥がうかがえる。本章ではその一端をボッカッチョの『デカメロン』を介してみつめてみる。さらにヨーロッパ大陸やイングランドの深層にも目を投じて植生などにも触れる。そして民族間の抗争の果てローマ帝国が誕生し、東西に分裂後、ルネサンス文化がラテン民族の始原からの再生であることを述べたい。

ジョヴァンニ・ボッカッチョ（一三一三〜七五年）著『デカメロン *Decamerone*』は、ギリシア語で「deca＝一〇、merone＝日」で、邦訳時には『十日物語』とされた。七人の淑女と三人の青年が、ペストを避けてフィレンツェ郊外の丘（イタリアの都市の多くは丘の上にある。なぜなら male aria〈マーレ・アリーア、悪い空気〉と書き、音がリエゾンして、蚊が媒介となる「マラリア」の意味となる。蚊は高地まで飛べないゆえ安全だった）に逃れ、毎日テーマを決めて一人一話ずつ物語るという趣向の作品である。作者ボッカッチョがその若者、紳士淑女たちを外から見守っている仕立てなので「額縁小説」ともいわれている。ボッカッチョの当該作品こそ、近代散文学の祖と称えられている。しかしながら文章は当時の南仏の文学の影響下にあって、複雑で難解である。エロ・グロ・ナンセンスと謳っているから、隠語もたくさん出てきて手を焼く。

なぜエロ・グロ・ナンセンスを執筆の指針としたかを探ってみたい。

2章でも触れ引用もしたペストによるこの世の地獄ともいえる様相がフィレンツェ市街で展開される。ペストによる惨劇は地域にもよるが一八世紀までつづく。東方から大型のドブネズミがやってきてクマネズミを捕食してやっと終息を迎える。教皇庁ですらローマを離れて安全な丘の上に移転したことがあるくらいの被害をもたらした。一三四八〜五二年の初期ペストでフィレンツェの人口は半分になったとまでいわれている。誇張とは思えない。

ペストの流行

ボッカッチョがみたのは、中世来の伝統であった、「天国＝至福」ではなくなった現実の惨劇だった。なにせ人間を救うための神のご降臨などなかったからだ。「峻厳な神」もいいが、来世肯定から現世肯定の現実重視へとひとびとの思考が一変せざるをえなかった。苦悶の果てに息絶えるひとたちからうかがえるのは、もはや「精神（魂・霊魂）の死」でなく、なまなましい「肉体の死」であった。

『デカメロン』の第一日目のまえがきに、意図的にペストによる惨状をボッカッチョが導入したのは、本作の作品の場がすでに「価値観が転倒」していることを示し、そうした現状を土台として「わたしは執筆する所存だ」と暗に述べたいがためだった。パラダイムが転換した社会を想像・設定して、これこそが現実だと読者に突きつけてきたのである。それゆえに極端な肉欲（官能）描写を擁護・駆使して中世キリスト教下の禁欲的な世界を笑い飛ばして崩壊へと導いた。これらはみな「転倒した意識」のなせる業《わざ》である。但し、よく読み込めばわかるのだが、ボッカッチョは教会や修道院長などの乱脈・零落を哄笑で批判しても、自己自身の内奥をさらけだしていない。ボッカッチョの限界というより、当時の文学作品のあり方と捉えたほうがよいと思う。

それでは信仰はどうなったのか。ボッカッチョはダンテを尊敬し、フィレンツェで最初に「『神曲』講義」を行なったほど俊敏な人物であったから信仰心に欠けることはなかった。ただ妄信ではもはやなくなっていた。

第一日目第二話は、熱心なユダヤ教徒であるアブラアムを、友人でパリに住む織物商を営むジャンノットがキリスト教に改宗させようとする話で、執拗に迫ってくる友人に対してアブラアムが応えるには、では実際にローマまで赴いて教会の様子をみてきたいという。ジャンノットは絶望感に即座に見舞われる。あの腐敗した僧侶や教会の淪落した内部事情を知れば、改宗の見込みは絶たれる、と。

アブラアムはローマ聖庁を実見してパリにもどってきて曰く、自分の目に狂いがなければ、あの地は善行や苦行といった模範的な生活の場ではなく、淫蕩、貪婪、美食、欺瞞、嫉妬、傲慢の類がはこびっていた「悪魔の仕事場」に映った。まるでこの世からキリスト教を追い出すような「努力」をしているのではないか、と。ジャンノットは友人の観察力の正確さに驚嘆してもう改宗のことは無理だとあきらめる。するとアブラアムがつづけて、それにもかかわらず、彼らの「努力」は実を結ばずに、キリスト教の教えが着実に広まり、いっそうの輝きと光を増しているのを見るにつけ、他のいかなる宗教よりもキリスト教の礎となっている聖霊の力の大なることを認めないわけにはいかなかった。それゆえキリスト教に帰依すると……。ジャンノットは飛び上がって歓んだ。

ここに新たな信仰形態がみえてこよう。ダンテ『神曲』ではアブラアムは異教徒であるから、古代ギリシアの哲人たちが「辺獄」に置かれたように、まともに扱ってくれないはずだが、それとはちがって、敵対関係ではなくなっている。さらに「自分の目（実見）」で確かめてからといった態度より、ある宗教を信仰する際に自分（人間）はその知性や才覚で見究めるという実証的な知、という信仰姿勢をボッカッチョは提示している。見方を変えれば、信仰のうえで厳格さや排他性を有していたカトリシズムの普遍性が瓦解に向かいつつあったことの証左である。最近の研究の成果ではすでに中世期に、たとえば肉食・色欲などが起こっていたともいわれている。

『デカメロン』を4章で「人間喜劇」と紹介したが、ジャンノットの商売は織物商人で、この種の商人(市民)がたくさん登場するので、「商人の叙事詩」とも称されている。みな、誠実で実直なひとたちが多い。

ボッカッチョは人間の生来の知性や機知を「発掘」して『デカメロン』のなかで、新たな宗教観ともども具現化してみせた。「人間の発見」であり、新時代の人間像の出現であり、時代の転換期でもある。

『デカメロン』百話のなかでの傑作といわれるのは、「カランドリーノ説話群」といわれる、ちょっと脳味噌の足りない画家のカランドリーノを主人公にした話で、彼はいつも友人たちに騙される役まわりである。第八日目の第三、六、九話、第九日目の第三、五話の全部で五つの小話《ノヴェッラ》で、みな出色である。一読を薦める。

さてラテン民族の復興ということは、ラテン民族が一度憂き目をみた時代があったからだろう。そもそも欧州(大陸だけを指し、いまのイギリスは「島」と呼ばれてべつ扱いだった。イギリスのアイデンティティはヴィクトリア朝の「大英帝国」時代にある）は、アルプス山脈を境に、北の「西欧」、「中欧」、「東欧」と、南の地中海世界の「南欧」に分かれることはすでに述べた。北の森林は主にブナであるのに対し、南はカシだった。大陸の北から葡萄の、その下にオリーヴの木の、地中海を横断するかたちでヤシの北限がそれぞれ存在した。

大陸や島の古層という言い方が的を射ているかどうかわからないが、民族としてはケルト民族が挙げられようか。インド・ヨーロッパ語族で、人種は不明である。西欧、中欧をほぼ支配下においた。牧畜経済で冶金《やきん》術に優れ鉄を生産し、もちろん好戦的だった。後一世紀にローマに征圧されるまで栄えた。ローマ帝国（ラテン民族）はゲルマン民族の大移動（三七五年）で大きな衝撃を受け、その後衰退の一歩をたどることになる。

それまで欧州内部には二つのヨーロッパがあった。再三触れてきたように、アルプス以北と以南である。ケルト以降では、北のゲルマン民族は狩猟・漁労・野生の果実の採集に従事し、ウシ・ウマ・ブタの放牧による肉食・バター・ラード、それにビールを主体とした食文化だった。これに対して南のローマは、小麦によるパンの生産、葡萄酒、オリーヴオイル、地中海的食文化（採食生活）、ヒツジの放牧を生業とした。

ゲルマン人の文化は「諸部族（長）」で、ローマ人のは「都市（国家）」を中心としていた。

そのなかでいわゆる「ローマ」が力を増し抗争・戦闘を繰り返しながら、ローマ帝国として絶頂期を迎える。東はユーフラテス川、南はベルベル人（モロッコ・アルジェリア地域に居住）のアフリカ・エジプト、北はブリタニアを制覇する。

しかしライン川を挟んで、その東には侵攻できず、支配は以西に留まった。以東はむろんゲルマン人の領土である。そのライン川の西側（現在は両岸）にケルンという、大聖堂で著名な都市がある。ここはイタリア語で Colonia（小文字にすると「植民地」の意味。ドイツ語で Köln と綴る）。いまだに「植民地」という汚名を棄てずに「ケルン」と堂々と名乗っているのはなぜか。市民たちはかつてのローマ帝国の栄光を意識的に担い、それを名誉だと考えているからだ。一都市名にすぎないが、ローマがいかに威徳を備えていることがわかる。フランス語の「オーデコロン eu de Cologne」という香水があるが、意味は「ケルンの水」だ。ケルンで一八世紀初頭にドイツ人がはじめて製造したものである。

ふつう、ヨーロッパの誕生というのは、「ローマと異民族（ゲルマン民族）」間の統合・分割から始まるとみなしてよい。

さてちょっと歴史をさかのぼって、ローマ帝国の誕生をみたイタリア半島内に目を向けてみよう。半島の北から、エトルリア人、ラティウム地域に住むラテン人、サムニウム人が暮らしていた。これらの三民族間で戦闘があったものの、外敵として古代ギリシア人が存在した。ギリシア人は特に南イタリアに植民市を設け、地味の豊かな南イタリアの土地を、母市のあるギリシア本土と比較して、「マグナ・グラエキア（大ギリシア）」と呼んだ。そのせいか植民市と半島内の諸民族との抗争が跡を絶たなかった。

ラテン人の建てた都市のひとつがローマで、しだいに勢力を増してローマ建国に至る。つまり半島のラテン化が生じる。これが四世紀後半からライン川を越えて押し寄せてきたゲルマン人の侵攻を受ける。

西ローマ帝国は、ゲルマン人の傭兵隊長オドアケルが皇帝ロムヌス・アウグストゥルスを廃位に追い込み、帝国は滅亡した（四七六年）。その後時を置かず東ゴート族のテオドリック（四九三〜五二六年？）が、一〇〜一二万人の東ゴート族で半島を支配した。この時代に『哲学の慰め』を著わしたボエティウス（四八〇？〜五二四年？）がいたが、この書、学生時代翻訳で読み、内容は失念したが、読後の名状しがたい馥郁《ふくいく》たる感覚は鮮明に覚えている。

東ゴート族は東ローマ皇帝ユスティニアヌス大帝に敗北し、東ローマ帝国の属州となるが、その後ランゴバルド族が北イタリアのパヴィアと、南イタリアのベネヴェントに行政の根拠地を設けて半島を治めた（五六八〜七七四年）。ランゴバルド族（この音が北イタリアのロンバルディア平原の語源である）の支配を以て、イタリア中世の始まりとする。だが七七四年にフランク王国のカール大帝（在位七六八〜八一四年）に滅ぼされてしまう。宗教では教皇大グレゴリウス（一世）（在位五九〇〜六〇四年）の力でカトリックを受け容れた。

その後紆余曲折を経て、中フランク王国（イタリア王国）の誕生をみ（九世紀）、一一世紀には北イタリアは神聖ローマ皇帝領、中部はローマ教皇領、そして南イタリア（ナポリ以南）は三代にわたったノルマン朝と、三分割された。とりわけ南イタリアでは、ノルマン朝成立まで東ローマ帝国が絡んできて複雑な様相を呈するが、ここでは省略する。

ラテン民族復興の先駆けとなったフィレンツェも元はといえばエトルリア人の居住地で、当地を訪れた際の市内観光で、ここがエトルリア人の遺跡です、とガイドさんが解説してくれたが、私の関心はもっぱら、D・H・ロレンスの『エトルリアの故地』にあった。読後のフィレンツェ訪問だったので、本作で描かれた自由奔放に生きるエトルリア人が念頭にあって、遺跡だと示された「暗渠にも似た穴」は容易に受容し難かった。

これまで記してきたように、中世末期から、宗教ではスコラ神学の衰退があった。

おおよそのところ実在論から唯名論への移行である。即ち、中世普遍論争の二大対立構図の一環である「実在（念）論」と「唯名論」の拮抗をいう。

実在論は、普遍は個物に先立って存在するとして、プラトンのイデア論の系譜を引いた。唯名論は、普遍は個物のあとに作られるとして、「名のみ」のものとし、実在するものは個物だとした。

代表的人物にオッカムのウィリアム（一二八五〜一三四七年）がいて、近代経験主義の源流となった。ルネサンス文化の兆しはとうぜん唯名論にある。

気候変動（寒冷化）やペスト来襲によるさまざまな出来事もルネサンスを準備し、ペトラルカの登場で、思想的にルネサンス文化の先鞭がつけられる。キリスト教人文主義こそがラテン民族の復興の黎明を明示していることはいうまでもない。

＊本章執筆は、樺山紘一『ヨーロッパの出現』（講談社、一九八五年）に拠った。

［参考文献］

池上俊一『イタリア・ルネサンス再考――花の都とアルベルティ』（講談社学術文庫）講談社、二〇〇七年。

蔵持不三也『ペストの文化誌――ヨーロッパの民衆文化と疫病』（朝日選書）朝日新聞社、一九九五年。

二宮宏之・樺山紘一・福井憲彦責任編集『医と病い』藤原書店、二〇一一年。

南川高志編『知と学びのヨーロッパ史――人文学・人文主義の歴史的展開』ミネルヴァ書房、二〇〇七年。

宮崎揚弘『ペストの歴史』山川出版社、二〇一五年。

6　イタリアの平和――翻訳文化運動の所産

「イタリアの平和」という期間は四〇年（一四五四〜九四年）しかない。この前後はおそらく戦争の類の終結か、新たな戦役の勃発であろう。ルネサンス文化期が寛容の時代でなく、融和・折衷・調和の時代であることは何回か触れてきている。マルティン・ルターの宗教改革のおよそ一世紀まえに「宗教の融和」を唱えたロレンツォ・ヴァッラについても記した。いろいろな種類の争いごとや戦争が多発した三百年だった。そのなかで文化の芽生えはやはり平和な時代を必要とする。本章のイタリアは半島全土を指すのは当然だが、主にフィレンツェ・ルネサンスの話が中心となる。

なぜなら、フィレンツェにてギリシア語修得第二世代（一五世紀後半）が活躍するからである。4章で扱った能筆家のポッジョ・ブラッチョリーニの友人にコジモ・デ・メディチ（老コジモ。一三八九〜一四六四年）がいた。「祖国の父」といわれる名望家で、後発の両替商だったメディチ家をフィレンツェ第一の銀行に仕立て上げた。「祖国 stato」とはいろいろに解釈されるが、フィレンツェ共和国、つまりメディチ家の勢力範囲の及ぶ地域と考えるのが無難だろう。

コジモは一四六三年に、フィレンツェ郊外のカレッジに別荘を建て、そこを学的サロンとして「プラトン・アカデミー Accademica Platonica」を設けた。そこの人員(代表格)にコジモの侍医で、その息子の医師でもあったマルシリオ・フィチーノ(一四三三〜九九年)を当てた。フィチーノはラテン語、ギリシア語に堪能な人士で、ギリシア語修得第二世代の代表的存在だった。プラトン・アカデミー(アカデミーは知的サロンの意味あいで、訳すとすれば「学士院」が最適)を中心に翻訳文化の華、その他の花が咲くことになる。

さて一四五三年はすでに「イタリアの平和」に入っている。この平和はどうもたらされたか。一四五三年という年に世界史上、二つの大きな歴史的出来事があった。その二つとは何か。

一つは一三三九年から散発的な戦闘がつづいていた「(英仏)百年戦争」がフランス側の勝利で終結した。複雑な経緯の戦争で説明は省くが、ジャンヌ・ダルクがフランス軍を助けた戦争といえば映画などで容易に想像がつくだろう。勝利後フランスは絶対主義国家を目指しつつ、軍備を整えてゆく(この軍事力強化をぜひ記憶していただきたい)。もう一つは、オスマン帝国による、東ローマ帝国の首都、コンスタンティノープルの陥落、つまり「ギリシア人のローマ帝国」としてヴェネツィア共和国などと覇を競ったビザンツの崩壊である。

それで地政学的な面に敏感なイタリア諸国家は、オスマン軍の次の狙いが、自分たちの半島に向かうだろうと踏み、分裂状態では敗北は明らかなので「団結」へと方針を一変させた。この臨機応変さもイタリア人らしいが、一五二九年にはウィーンがオスマン帝国に攻囲されてしまう事態に鑑みれば得策だった。北イタリアのローディに、ヴェネツィア共和国、ミラノ公国、フィレンツェ共和国、教皇領、ナポリ王国の代表五名が集まって団結を取り決めた（ローディの和約。一四五四年）。これから四〇年間半島は平和だった。ところがこの平穏を破ったのが、兵力をたくわえていたフランスだった。一四九四年、国王シャルル八世（在位一四八三〜九八年）が元フランス領だったナポリを奪還すべく、アルプス山脈を越え半島に攻め込んできた。ナポリがフランス領になった経緯は16章に譲る。

強力なフランス軍は兵器に劣る半島勢力に連勝して、まっすぐチョークで線を引いたように南下し一気にナポリを奪い返した（「チョーク戦争」と呼ばれている）。兵力の点ではたとえば、フランス軍がウマならイタリア軍はウシで対応、また大砲の砲筒もフランス軍のほうが長く、砲弾の飛距離が遠かった。勝負は目にみえて明らかだった。

フィレンツェではメディチ家の当主（ロレンツォ豪華公〈一四九二年に四〇代初めで急逝〉）の長男の愚鈍なピエロはフランス軍に対して打つ手がなく失脚し、メディチ家も追放されてしまう。団結による平和は、圧倒的な武力でフランスに破られて、露と消えた。

さて本章で言及するのは「平和」の時期のフィレンツェ・ルネサンスなのだが、多少なりともフィレンツェの内情を語っておこう。老コジモ亡きあと息子のピエロが継いだが、病弱で早世し、その長男(老コジモにとっては孫に相当)であるロレンツォが当主の座に就いた(一四六九年で、同じ年にマキァヴェッリやエラスムスが生を享けている。マキァヴェッリは青年期をロレンツォ豪華公治下のフィレンツェで過ごすことになる)。次頁の系図をみてわかるようにメディチ家は、兄系(主に政治面で活躍)と弟系(本来の仕事である銀行業に専念)に分かれていて、後年トスカーナ大公の位置に昇るのは弟系である。兄弟ともに諸々の職人の絵画や彫刻の仕事のパトロンとなっている。当時まだ芸術家という概念はなく、みな職人と呼ばれた。「あのひとは絵を描く職人だ」と表現されたように。

ロレンツォ豪華公のもとでルネサンスを迎えることになる。

プラトン・アカデミーには、前述の医師で人文主義者のフィチーノ、哲学の徒で早世したピーコ・デッラ・ミランドラ(一四六三～九四年)、『恋するオルランド』の作者ボイアルド(一四四一～九四年)、ペトラルカ以降本物の詩人と高く評価されたポリツィアーノ(一四五四～九四年)、『春』『ヴィーナスの誕生』を描いた画家サンドロ・ボッティチェッリ(一四四四/四五～一五一〇年)などの俊英が集結した。

特筆すべき点はやはり、ギリシア語修得第二世代の第一人者であるフィチーノの、ギリシア語文献のラテン語への翻訳の業績であろう。一二世紀ルネサンスでも翻訳の大切さはみてきたが、一五世紀後半フィチーノが成し遂げた偉業を知れば、翻訳作業をなおざりにできないことがわかる。今

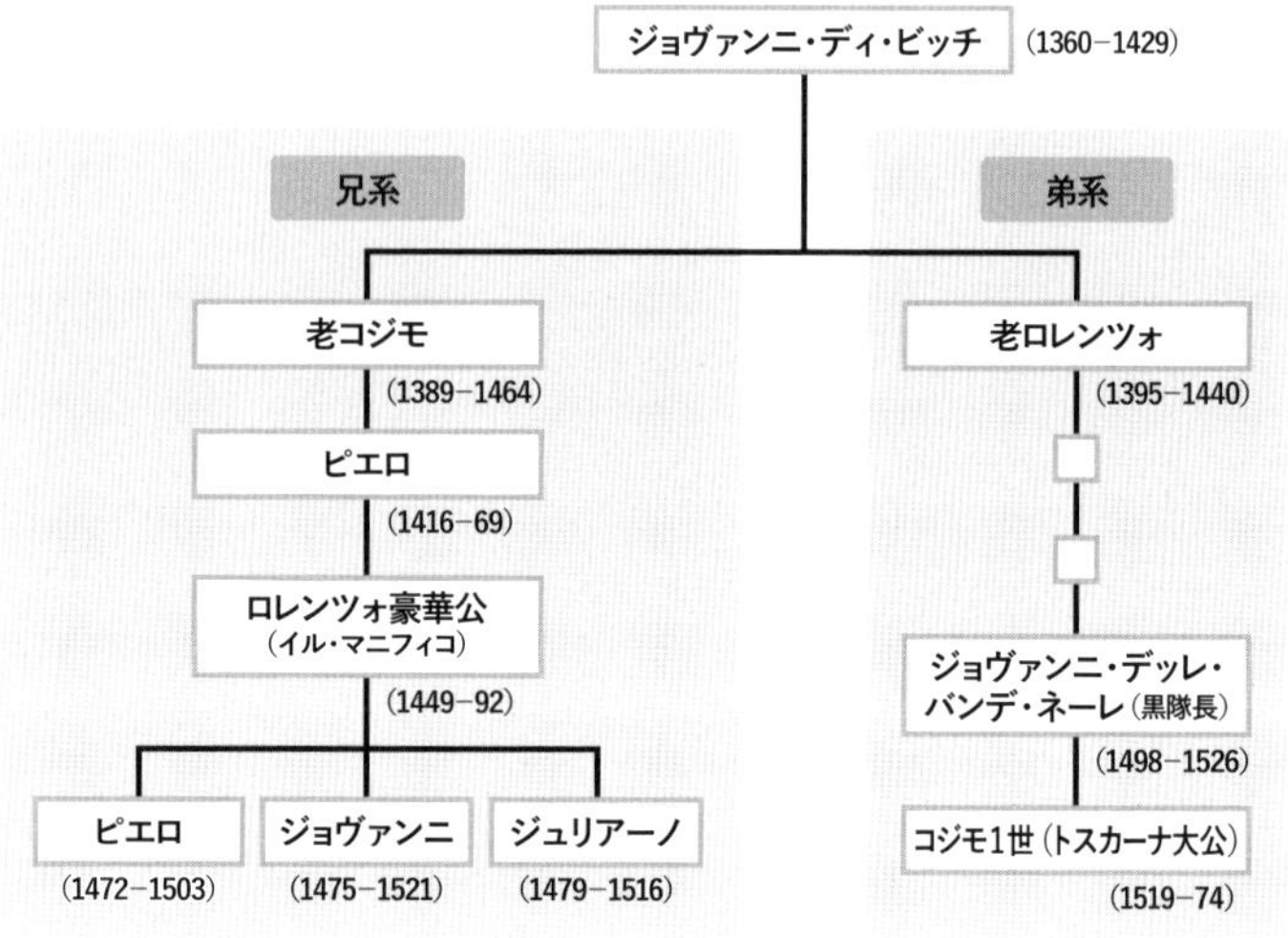

メディチ家の系図

風の言葉でいえば「異文化交流」だろうが、当時は古代ギリシア文明の欧州への移入であった。

フィチーノは老コジモから、古代神学の一書である『ヘルメス文書（教）』の翻訳を第一に依頼されて完成させている（一四六三年）。古代神学とは他に、ゾロアスター教、オルフェウス教がある。『ヘルメス文書』は、前三〜後三世紀までにエジプトのアレクサンドリアを中心にまとめあげられた、「叡智《ヌース》」を神とする神秘的な創造神話で、もちろん異教に属する。次に『プラトン著作集』の翻訳に足掛け六年をかけた（一四六三〜六八年）。さらに新プラトン主義の哲学者プロティノス著『エネアデス』を翻訳（一四八四〜九二年）。

自著に『プラトン『饗宴』註釈』（一四六八年）、

『プラトン神学』(一四六九〜七四年)、『人間の生について』(一四八九年)、『太陽論』(一四九四年)などがある。大部分異教的著作品だが、フィチーノはあくまで敬虔なキリスト教徒として帳尻を合わせている。

これでこれまで異教の文化とされていたヘレニズムの知が雪崩《なだれ》のごとくイタリアに入り込んできて、反キリスト教的な新風が吹きまくる。ある種の流行思想と片づける研究者もいるが、この流れは一七世紀のカンパネッラまでつづいているので、等閑視できない。

プラトンとヘルメス教と新プラトン主義の思潮はフィレンツェを端緒に、当地に学びにきていた諸国の有識者を介して全欧に拡がった。ヘルメス教の叡智、プラトン哲学のイデア、新プラトン主義の「一者」と「円環の思想」。それとアニミズム(多神教)といった、隠微《オカルト》哲学が地下から瞬時に芽吹いた。ルネサンス文化を「異教の文化」と定義したヤーコプ・ブルクハルトの面目躍如たるものがある。

日本の大学の哲学科では、翻訳の大切さや意義を懇切丁寧に解かない。私の知っているさる大学院での演習で、英語をはじめとして外国語の原文を一読しておおよその内容をつかめばよい、と奇妙奇天烈なことを教員が宣《のたま》っているという。そういう教員に翻訳を依頼すると、難しくてできないと泣きついてくる。翻訳には対象となる外国語への造詣の深さと日本語力が必須である。大学入試の英文和訳の水準を超えているのはむろんだが、英文和訳すらできない生徒をこの国の多くの大学の英語入試問題に見出す。杞憂に終わればよいが。文化と文化、文明と文明の交錯を整理し揚棄するのが翻訳の心髄であろう。

一五世紀後半のプラトン・アカデミーのひとたちのなかで哲学科で取り挙げられるとしたら、三一歳で夭折した、翻訳稼業をせず筋の通った思想家とみなされているピーコ・デッラ・ミランドラだろう。『人間の尊厳についての演説』があまりにも有名だからか。卑見だが、ピーコの思想はデンマークのキリスト教的実存主義者キルケゴール（一八一三〜五五年）につながるのではないか。『演説』では神から「おまえ」がこう諭される。おまえの「自由意志」を尊重し「自己決定」して自己形成を行なうべし、と。但し、上なる神的存在に上昇するも下なる獣的存在に落ちてゆくのもおまえの意志と努力次第だ（大意）、という精神を鼓舞する内容の短文である。さらにピーコはすべての思想には共通する要素があると、ある種の融和を説いている。

先刻掲げたこの時期の創作家（文人）たちの諸作品の翻訳もまだされておらず、フィレンツェ・ルネサンスへの理解にはほど遠いところに私たちはいる。やはり日本語で読みたいものだ。

次に翻訳文化運動の所産について考えることにする。図表を作成してみたので注視してほしい。

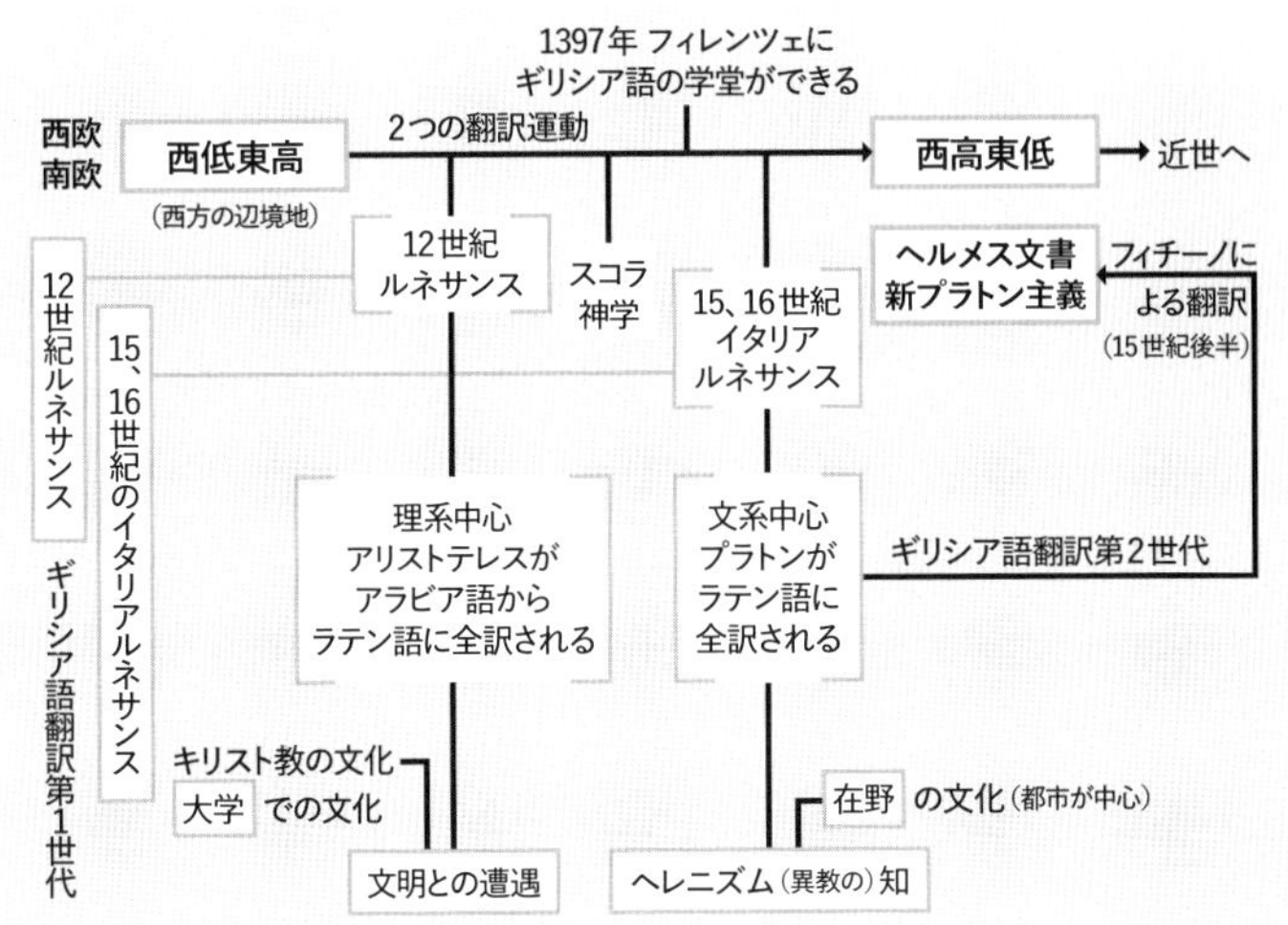

翻訳文化の効能

欧州文化で大切なのは、当初の「西方の知の辺境性」を二つのルネサンス文化現象で克服して、「東高西低」から「西高東低」に変貌せしめたことである。

ここで考えておくべき大切な事項がある。右記のとおり欧州は二つの翻訳文化運動で、「文化的維新」を迎え、それらの知を血肉化して一七世紀に、最終章で論及予定の「科学革命」を成し遂げた。即ち、劣勢だった文化面が東方地域（中国、インド、ペルシア文明を背景としたギリシア・アラビア）の文化を抜いて、世界に受け容れられる普遍性をもつに至る。

だが一歩立ち止まって考えてもみよ。これまでの論述でみてきたように、商業、農業での進展のもと、中世はペトラルカが言明したような暗黒時代ではなかった。ただ文化面だけが暗黒だったか。したがって欧州の文化があらゆる地域に勝る最高の価値体系（科学革命）という視点から「中世暗黒説」を顧みると、一二つの翻訳文化運動受容以降のヨーロッパのひとびとにとって、中世を（もう歴史学では暗黒とみなしていないのに）文化面だけ「暗黒」とせざるをえない、やむをえなさからくる忸怩《じくじ》たる思いが彼らにはあるに違いない。それは自分たちの文化が世界史の核心部に位置しているという自明の理を認めれば、なおのこと、必然的に無念にも「中世暗黒説」を甘受しないわけにいかないからである。

一つ課題を出しておく。一二世紀ルネサンスで最も活躍した翻訳者に、クレモナのゲラルドというイタリア人がいて、スペインのトレドに移住して、図表にもあるギリシア文化の名著をほぼラテン語に翻訳している。九〇冊弱に及ぶという。こうした知の蓄積があったのに、スペイン・ルネサンスを飾るセルバンテスの活躍が一六世紀後半とはずいぶん遅い。中南米を支配下に置くことに目を奪われていたのか。一考の価値はあろう。

日本での翻訳文化には「漢字」がおおいに寄与してくれた。漢字がなかったなら、諸々の翻訳語の誕生は危うかったであろう。

［参考文献］
佐藤三夫訳編『ルネサンスの人間論——原典翻訳集』有信堂高文社、一九八四年。

白幡俊輔『軍事技術者のイタリア・ルネサンス――築城・大砲・理想都市』思文閣出版、二〇一二年。

根占献一『ロレンツォ・デ・メディチ――ルネサンス期フィレンツェ社会における個人の形成』南窓社、一九九七年。

森田義之『メディチ家』(講談社現代新書)講談社、一九九八年。

アンドレ・シャステル(桂芳樹訳)『ルネサンスの深層』(ちくま学芸文庫)筑摩書房、二〇〇二年。

ウェイン・シューメイカー(田口清一訳)『ルネサンスのオカルト学』平凡社、一九八七年。

マルシーリオ・フィチーノ(左近司祥子訳)『恋の形而上学――フィレンツェの人マルシーリオ・フィチーノによるプラトーン『饗宴』註釈』国文社、一九八五年。

『ヘルメス文書』(荒井献・柴田有訳)朝日出版社、一九八〇年。

P・O・クリステラー(渡辺守道訳)『ルネサンスの思想』東京大学出版会、一九七七年。

プロティノス(田中美知太郎監修)『プロティノス全集(エネアデス)』(全四巻、別巻一)中央公論社、一九八六〜八七年。

ヨアン・P・クリアーノ(桂芳樹訳)『ルネサンスのエロスと魔術――想像界の光芒』工作舎、一九九一年。

7 民衆の生活——カルダーノにみる食糧事情

本章の二つのテーマは密接に関連している。生活してゆく（生きてゆく）のに食糧は最も大切なものだし、その生産力の増減は社会（時代）背景の影響をモロに受ける。「気候変動」（2章）や「イタリアの平和」（6章）の章と内実は同じで、温暖で平和な時代でこそ、民衆の生活も食糧事情もよくなる。

しかしながらルネサンス文化を育んだ時代はそうではなかった。

激しい闘争の時代であった（1章）——数々の戦争が欧州で勃発した。また2章でも述べたように、この時期は全般的に、以前より貧しい時代だった。もちろん寒冷期のせいもある。マラリアなどの病気、ペストで悪名を馳せた疫病の類、それに飢饉（とくれば、民衆を飢餓が襲う）。こうなるといったいこの時期をどう定義すればよいか。即ち、ルネサンス文化現象が起きた時代は「文化面」ではじめて意義をもつ、ということになるであろう。

社会・経済・政治面では困窮・苦難がつづいたことになる。

順にみてゆこう。

社会を低落・荒廃させた「戦争」を事例に考えてみる。戦争ほど受難・被害をもたらす社会悪はないからだ。種類に分けると三つになるだろうか。⑴「国内戦争」⑵「対外戦争」⑶「宗教戦争」である。

⑴「国内戦争」では、イングランドでの「ばら戦争」（一四五五～八五年）。ランカスター家とヨーク家との王位争奪戦争で、結果は両家とも共倒れし、ランカスター家の傍流のテューダー家のヘンリ七世（在位一四八五～一五〇九年）がテューダー朝を開いた。

⑵三つの大きな「対外戦争」といえば、年代順に「（英仏）百年戦争」（一三三九～一四五三年）で、イングランド王国対フランス王国。戦場はほとんどフランス領内で、最終盤、イングランドの領地はカレーのみだった。フランスの勝利で終了したとは前述している。継続した戦いではなく断続的だった。このときフランス語の抽象名詞が多く英語に入って …tion となって英語の語彙を豊かにした、と英語史の授業で教わった記憶がある。次に「イタリア戦争」（一四九四～一五五九年）。ローマ教皇、フランス、スペイン、神聖ローマ帝国のイタリアでの利害が絡んだ込み入った闘争である。数学独仏間での、北イタリアを主な戦場とした局地的なイタリア戦争は一五二一～四四年である。

者で内科医だったジェローラモ・カルダーノ（一五〇一～七六年）はその『自伝』に、同時期ペストが席巻したが、戦争で人間それじたいの数が減ってしまっていたので、罹患者の数はめっぽう少なかったと記している。アイロニーというよりか、ブラック・ユーモアに聞こえる。

三番目は「ネーデルラント独立戦争」（一五六八～一六四八年）。八〇年間かけての、オランダのスペインからの独立戦争である。当時は両国ともに強国だったが、スペインのほうが一枚上手だった。カトリックのスペインとプロテスタント（カルヴァン派）のオランダの対決である。オランダのカルヴァン派は厳格だったようで、南西部がやがてベルギー王国として独立（一八三〇年）し、カトリックを信奉する。現在のオランダは安楽死を認可するなど、先端的な政策を打ち出している自転車王国でもある。

(3) 最後に「宗教戦争」を考えてみる。この枠組みに入らないかもしれないが、ルターが宗教改革を起こした（一五一七年）ときは、燎原《りょうげん》の火のごとくドイツ各地にルターの教えが拡大し、時の皇帝、カトリックのカール五世はその火消しに精力を注ぐハメとなった。加えて東方からオスマン帝国が進軍してくるので、帝国の守りも重荷となった。ハンガリーはモハーチ平原でトルコ軍と戦った（一五二六年）が敗北し、首都ブダペストまで進軍された。カール五世の宮殿のあるウィーン攻囲（一五二九年）のときは二カ月にわたり、欧州へとイスラームが容易に広がる起因を作ってしまった。

宗教戦争の定番はカトリック対プロテスタントである。

次の「ユグノー戦争」（一五六二〜九八年）は、足掛け三七年にもわたっている。この前半期に悪名高き「サン・バルテルミの虐殺」（一五七二年八月二四日）が勃発している。

「虐殺」の経緯を述べるだけで一冊の本になるほどの重みがある。フランスではプロテスタント（カルヴァン派〈カルヴァンはフランス人である〉）をユグノーと呼んだ。一五六二年、カトリックとユグノーが内戦状態に入った。宗教上の寛容などどこにも見当たらない。血で血を洗う戦いだった。

ジェローラモ・カルダーノ

宗教戦争ほど残虐なものはない。信じているもののための闘争であり、命を賭けるに値するからだ。最終的にカトリック側が「ナントの勅令」（一五九八年）で、プロテスタントに一定の制限を設けるものの、信仰の自由を容認した。

卑見だが、もともとラテン系のひとたちにとって、聖母マリア信心を認めず、マリアをイエスの生物学上の母としかみなさない、厳格で父性的な新教を受容するのは、その民族性から困難な気がする。イタリアにわたればわかるが、日本人と気の合うのはドイツ人のほうである。

日本人の勤勉さとイタリア人の放埓《ほうらつ》さは合わない。だが、イタリア現代文学や映画で描かれるイタリア人はいたって繊細かつ沈鬱、経済的には貧しいが心は豊かな国民である。現実との溝の深さに驚く。パヴェーゼの小説、ヴィットリオ・デ・シーカ監督の『自転車泥棒』『ひまわり』の切ない、なんともいえない哀愁には耐えられない。

「三〇年戦争」(一六一八~四八年)の舞台はドイツ全土に及んだ。継続的な国際戦争で、もちろん旧教対新教の抗争である。前者にはスペイン・フランスが、後者にはルター派のデンマーク・スウェーデンが後ろ盾についた。ドイツの地は荒廃し切った。そして両派とも疲弊した。

一六四八年の「ウェストファリア条約」で、「ネーデルラント独立戦争」「三〇年戦争」の結末をみる。込み入った内容の条約であることから、それまでの欧州の分裂・戦争状態の苛烈さが見て取れる。まずオランダ(とスイス)の独立が承認され、結果として中世来のドイツの権力分権状態が国際的に認められた。ドイツにとっては歓迎せざる条約だったといえよう。

旧教と新教の抗争は日本でも江戸時代初期にみられた(私は日本史を世界史の一環とみる立場で、世界史を高校で必修とすべきだと考えている)。徳川家康が、浦賀《うらが》をスペイン貿易の基地としたかったという事実を知ってもらいたい。関ヶ原の戦いの勝利のまえの一六〇〇年、オランダ船リーフデ号(もともとエラスムス号という名で、船尾にエラスムス像が飾られていた。現存する)が三月に豊後《ぶんご》の臼《うす》杵《き》に漂着した。乗組員はオランダ人やイギリス人で新教派、九州のキリシタン大名はイエズス会士だった。イエズス会はローマ教会に忠誠を誓う信者たちだから、リーフデ号の乗員を彼らの敵、それも生かしてはおけない存在とみなした。これを耳にした家康は、乗組員だったウィリアム・アダムズやヤン・ヨーステンを関東に呼び寄せて保護した。それでも九州の宣教師たちは悪口を並べて、処刑を迫ってきた。だがここが家康の先見の明が光るところで、アダムズに浦賀を拠点としてスペインとの貿易交渉に携わらせた。そして三浦按針《あんじん》という日本語名を与えて知行地も賦与するほど重用した。按針も家康に幾何学、数学、地理学などを教えた。以後、一六一六年に家康が死去するまで毎年、フィリピンのマニラとメキシコの（現在の）アカプルコを結んだ太平洋の航路が出来、交易が盛んとなり西欧の知見をはじめとして経済的にも浦賀は潤った。「マニラ・ガレオン船」がその役目を担った。「ガレオン」というのは大航海時代に活躍したスペインの大型帆船のことである。しかし九州の宗派とオランダ・イギリスの宗門との教説をはじめとして利権争いのなんと激しかったことか。要するに「内ゲバ」に等しい。気になるのは、当時の日本人のキリシタンが、二派に分かれているそれぞれの教えの違いを理解していたかどうかだ。家康はわかっていたと思うが。

どのような種類の戦争であれ、こうも戦乱の世がつづくと、農地が荒らされるから食糧事情は悪化の一歩をたどるのは目にみえている。困窮と食生活は緊密につながっている。食文化など平和でゆとりのある社会での「贅沢」な話題である。現在の日本のテレビ番組で「食レポ」のなんと多いことか。ウクライナやアフリカの内戦地域、その他の諸国の食糧事情に目を向けて、平和に胡坐《あぐら》をかいたような番組など慎むべきではないだろうか。

富裕層はともかく、民衆の食生活は悲劇的様相を呈した。栄養の欠乏、体力の低落化、そして病気、という負のスパイラル。当時の平均寿命は三〇から三五歳だったという。理由の一つに根源的栄養失調がある。

実際の食べ物として、でんぷん質のものでは小麦・ライ麦・大麦・えんばく・ひえが代表的な食糧だった。そしてミネストローネにも至らない薄味の野菜スープをすすった。この時代、糖分がハチミツから砂糖に劇的に変化している。砂糖は従来東方から伝わってきていたが、南米からのサトウキビの流入の影響が大きかった(その他、ジャガイモ、トマトなども入ってきている)。3章で触れた「香辛料」は料理そのものに高級感を付加した。肉は塩づけで保存、魚や野菜も同様だった。新鮮な、とれたての食材にお目にかかれるのは、貧富の差によった。上層階級と下層階級の食事の差異が際立っていた。

イタリア料理の二大条件として、「新鮮な fresco《フレスコ》」と「風味豊かな saporito《サポリート》」がある。これに見合う料理を口にできるのはやはり上層階級の食事だろう。

その一例を挙げておく。冒頭近くで登場したカルダーノの『自伝』(澤井繁男訳)より。

> 魚は良質で新鮮であれば肉よりも進んで食べる。焼いた固い肉（「柔らかいのは」仔羊、猪の乳房の肉）が好きで、また、きわめて細身の包丁で刻んだ肉を、焼いて固くしたものを好んだ。焼いたものが好きだったのである。夕食には半リブラの甘い葡萄酒と造り立ての葡萄酒を、その倍以上の水で薄めて味わった。若鶏の手羽肉、鶏のレバー、塔に住んでいる鳩のレバーがとりわけ好きだった。……
>
> 四足動物は白いところの方がおいしい。血の滴る部分の心臓、肝臓、腎臓は、消化のよい肺臓に比べて固い。しかし肺にはあまり栄養がない。以上のうちで心臓以外の他の臓器の赤いところは柔らかい。消化のよい睾丸を除けば、白い部分は普通の柔らかさだ。鉛色の個所は固い。

ここまで具体的に書いたカルダーノは、こうまとめあげる。生存に不可欠な七つの要素として、空気・睡眠・運動・食べ物・飲物・薬・節制、と。種類には一五ある。空気・睡眠・運動・パン・肉・乳・卵・魚・オリーヴ・塩・水・無花果《いちじく》の実・ヘンルーダ（ハーブの一種）・葡萄・味のきつい玉葱、と。いずれも当を得ていて頷ける。ただ、いかにもイタリア人好みの食事ではあるが、こうして統合する作業はまことにカルダーノらしい。

これに対して困窮層は、たとえば酢になりかけた葡萄酒、カチカチのパン、腐った果実、酸っぱいチーズといった物を食していたとしても不思議ではない。食生活がその人物の社会的地位を決定づける指標となっていたのだ。食文化とはもう歴然とした学術分野の一つであり、私たちもみずからの食生活をときに振り返ってみる必要がある。

さてタイトルに「民衆」とあるので、他の目次では触れえない「庶民」「市民(商人)」「職人」について考えてみたい。このなかで一番人気は「彼は『庶民』の味方の政治家です」の「庶民《ポポロ》 popolo」だろう。「市民《チッタディーノ》 cittadino」、(中世の)商人《メルカンテ》 mercante、商人《コンメルチャンテ》 commerciante」で、ほぼ市民と同じ(階層という)意味で用いられた。

商人の社会的地位にはキリスト教会の視線が深く関わった。中世(一二世紀半ばまで)では罪なる存在とされた、というのも金銭が絡む職業全般に対する教会側の見解に拠ったからだ。一二世紀後半から一三世紀半ばまでは商業そのものには罪はなく、善悪のいずれかに及ぶのは商人の心がけ次第とされた。一三世紀後半から一四世紀になると、全面否定はされず条件つきで存在を肯定された。格上げである。その条件とは「利子」を取らなければよいということだった。中世をとおして最も豊かだったのは「一〇分の一税」を課した、ほかならぬこういう締めつけをしたローマ教会だった。

話は前後するが、都市の発展とともに商業が優先されてくるのが道理で、一三三五年、ミラノにて「定時法」が制定されている。「時計の時間」の出現で、合理的に商売を行なえるようになった。

立身出世の道が拓けた。つまり自由競争が可能となったのである。大げさにいえば欧州どこでも、時差はあるにせよ、時間が時計化されたことは、農業を主体としたひとたちに一大変革をもたらした。これまで季節の変化に応じて農作業をしてきた農民たちの慣例とは、春がきて夏がきて秋がきて冬がきてまた春がきて、といった循環的時間で、また一日の朝・昼・晩が季節ごとに違っていても、日の出とともに家を出、日没がくると帰宅していた生活が、時間によって、季節が関係なくなって日の入りが早くなっても一定の時間まで作業をするようになっていった。こうした自然とかけ離れた生活——循環的生活ではない生活に慣れるのにはだいたい一四世紀になるまで時を要したといわれている。

市民（商人）を支えたモノづくりの専門職を「職人《アルティジャーノ》 artigiano」という。この種のひとで、いわゆる将来「芸術家《アルティスタ》 artista」と呼ばれる種類のひとたちの誕生に寄与したのがレオナルド・ダ・ヴィンチ（一四五二〜一五一九年）とされている。ベンヴェヌート・チェッリーニ（一五〇〇〜七一年）のような金細工師は、「匠《アルティフィーチェ》 artefice」で、「工匠《アルティエーレ》 artiere」という詩人の意味も含む単語もあって、イタリア語には「職人」に類する言葉が豊かである。日本語に「雨」を表現する言葉が彩りも多岐にわたってあるように。

＊本章執筆は、マッシモ・モンタナーリ（山辺規子・城戸照子訳）『ヨーロッパの食文化』（平凡社、一九九九年）、

ジェローラモ・カルダーノ（清瀬卓・澤井繁男訳）『カルダーノ自伝――ルネサンス万能人の生涯』（〈平凡社ライブラリー〉平凡社、一九九五年）に拠った。

［参考文献］

谷泰『牧夫フランチェスコの一日――イタリア中部山村生活誌』（平凡社ライブラリー）平凡社、一九九六年。

――『牧夫の誕生――羊、山羊の家畜化の開始とその展開』岩波書店、二〇一〇年。

アントニー・ローリー（池上俊一監修／富樫瓔子訳）『美食の歴史』創元社、一九九六年。

ジャン・シャルル・スールニア（本多文彦監修／星野徹・江島宏隆訳）『アルコール中毒の歴史』法政大学出版局、一九九六年。

ピーター・バーク（中村賢二郎・谷泰訳）『ヨーロッパの民衆文化』人文書院、一九八八年。

――（森田義之・柴野均訳）『イタリア・ルネサンスの文化と社会』（新版）岩波書店、二〇〇〇年。

ペトロニウス（国原吉之助訳）『サテュリコン――古代ローマの風刺小説』（岩波文庫）岩波書店、一九九一年。

8 女性の役割と蔑視、活躍した女性たち

女性問題は歴史が男性中心に書かれてきたので、おおいなる視点の転換が必要になる。本章では順に、当時の女性観、結婚、女性の仕事、売春（娼婦）、女子（性）教育、女性の人文主義者、ボッカッチョの『名婦列伝』と触れてゆくが、最後のボッカッチョの作品でさえ、『デカメロン』では奔放な女性を描いているにもかかわらず、因襲的な女性観を棄てきれていない。

まず当時の女性観の話から始めよう。

一四八六年、異端審問官・ドミニコ会士のハインリヒ・クラマー（一四三〇～一五〇五年）が『魔女に与える鉄槌』という悪名高い本を刊行した（従来、ドミニコ会士ヤーコプ・シュプレンガーとの共著とされてきたが、最近の研究でシュプレンガーは名声のある自分の名を貸したにすぎないことがわかっている）。端的にいって「魔女とは何か」という「魔女の定義書」である。内容は性交のときの体位をはじめとして、女性が肉欲の塊であるといった女性蔑視の本である。「鉄槌」とは異端審問官の比

喩である。15章で取り挙げる「魔女狩り」の論拠となった書で、宗教改革以後も版を重ねた。宗教改革者は後述するが、女性については「改革」されていない。アルプス以南の商業と都市文化の栄えたイタリアでは二版だったが、以北の経済的後進地域で、いまだ貨幣経済の浸透していない農村主体だったドイツでは一六版、フランスでは一一版、増刷りしたほどだ。

往時女性の置かれた立場は低く改善への道はみえなかった。これは女性という「性」によって社会的役割が固定されていたことを意味する。

結婚について眺めてみよう。

大多数の女性の将来の姿は「母親」だった。現在の少子化とはちがって、出産、出産の繰り返しで、出産後すぐに身ごもった。避妊用具などなかったのだろう。7章で言及したカルダーノは妾腹の子で母は薬草を使って流産を試みたが、幸か不幸かカルダーノは生を享けた。一般の女性は母親であることに自分の存在を見出した。子沢山だったから乳母も必要で、カルダーノのようにすべての子どもが望まれて生まれてきたわけではなかった。余計な子どもは乳母の手で殺された。その乳母は生母に感謝されている。あるいはイタリアの諸都市には八世紀から「捨子養育院」ができており、一四〜一六世紀に各地に展開した。それでも子どもの死亡率は高く、一五世紀のフィレンツェで、死亡率が二五〜六〇％の間を推移している。成人に達する見込みは薄かった。

子殺しをキリスト教は認めなかったのはいうまでもないが、古代では人口調整のため必要だった。

子どもは結婚を前提として生まれるわけだが、日本の、新郎から新婦へわたす「結納」という制度とは逆で、妻となる女性が夫となる男性に「婚資《ドーテ》（持参金）dote」を持って嫁いだ。

娘の多い家庭では婚資が増すから（女子）修道院に入れた。換言すれば、修道院は人口を管理する場でもあった。貴族や家柄の高い女たちが、婚資より安価だったが持参金つきで修道女となったので修道院は財政的に潤った。一五五二年のフィレンェでは全女性の一五～一六％が修道女だった。彼女たちは信仰心にあふれ、自己の肉欲を否定、断食を履行して聖的に高い地位に至った（『デカメロン』にはこの禁欲的な修道女たちの性欲を暴露する作品がある〈第三日第一話〉）。

ラファエッロ『正義の女神』

結婚は世俗的計算の産物であった。則物的な表現を用いれば、結婚とは財産を生み保持し、伝達してゆくための装置とみなせる。もちろん一般的には長男子相続制・限嗣《げんし》相続制によって、女性は遺産相続から排除されていたが、しかしながら、持参金の存在は大きくそれに対して確固たる権利の保証があった。端的にいえば、持参金が多ければ多いほど良い結婚とされ、新婦の財政的地位の向上、即ち、新婦の地位も高まった。

持参金の額は結婚直前に定められ、即刻新郎の管理下に移り、夫の父親や夫そのひとが死亡した折にはふたたび女性のもとにもどった。結婚後何年かして妻が死去したら、持参金の処分権は彼女にあって、遺言で自分の子どもたちやそれ以外の身内に贈与された。どうやら持参金は結婚を強固にする絆と思える。女側の親たちは利権にさとく、結婚相手の男は物質的な目標を念頭に選ばれたに違いない。

ルネサンス期「離婚」など考えにのぼらなかった。そもそもカトリックでは「離婚」は認められていない。以下の例外的な場合は、別居、ないしは結婚無効が宣言された。即ち、血族内結婚、姦通（男は許されたが女は罰せられた）、性的不能（これは男の場合だろう）、ハンセン病、棄教、決定的なのは死だった。当時の自然、あるいは社会環境（たとえば市民は排泄物などの汚物を平気で窓から道に棄てた。それをブタが食べた。ペストが席巻した理由にこうした不衛生このうえない悪しき習慣があった。というより上下水道の不備だったか）のせいで、経済的たくわえの有無にかかわらず、早世の時代だったと考える。早くて男は二〇代後半、女はそれより少し早め。二人の結婚生活は束の間だったろう。相手が死亡した際には再婚が可能で当然でもあった。

ここで世帯とは何かを問うてみるのも良い機会だろう。異母兄や異父の子どもが混じっての生活がどういう具合になるか、想像に難くない。その家庭それぞれで、一概には回答は出せない。友愛精神に充ちた家族もあっただろう。こうした一家（婚姻関係）は「完全なる友愛」の典型である。最後の宗教改革者かのカルヴァン曰く、妻の夫に対する従属は、ひとびとが神に服属しているひな型である、と。カルヴァンでも妻（女性）に対してこのような態度だから、他も推して知るべしである。日本のプロレタリアート作家も、外では平等な社会実現などと立派なことを唱えながらも、いったん家庭にもどると男尊女卑の態度を留めていた。

結婚にともなう「性行為」も教会の規定を受けている。第一の目的は生殖、第二は姦通の予防だった。性交それじたいも、ある規範に基づいていた。正しい場所で正しい時間に、正しい器官を使って正しい方法（正常位）で、といったように。獣のように背後からとか、騎乗位は認めていない。冒頭で挙げた『魔女に与える鉄槌』には「体位」に関する記述がねちねちとつづいていて嫌気がさす。

次に女性の仕事について。

これも気の毒なことに、絶え間ない労役と、苦痛に充ちた出産の二つであった。

田舎ではあらゆる野良作業の手助け、都市では家庭全般や家を守った。

夫の仕事との比較ではっきりする場合が多い。夫は家の外での仕事。商品（品物）の選択購入、金銭関連、食糧の調達、商取引き、旅や友人・知人と交際したり、時節にふさわしい服装を整えたりして、陽気で開放的なご気楽ムードが漂う。片や女性陣は家の内での作業。主たるものは貧富の差にかかわらず糸を紡ぎ布を織った。そして節約と整理整頓に尽力すること、いちいち口答えや小言をいわず、常に夫にとって魅力的に映る身なりをすること。いうならば貞淑を地でいく妻像が浮かんでくる(『デカメロン』の世界では夫も妻もこうはいかない。双方ともに密通にうつつを抜かす始末だ)。だが家事や育児もこなして夫の仕事も手伝った妻は相続のうえで高い経済的・社会的地位を得たのはいうまでもない。

一部の貧しい女たちの行く末は「売春」による生計で、高ずると「遊女」へと転落した。売春は女のひとつの仕事の形態で、日本でも江戸時代幕府公認の「吉原」や私娼地である「岡場所」があったし、戦時中も「慰安婦」が満州の陣営を回った記録が残っている。朝鮮人慰安婦の問題はいまなお尾を引いている。将官クラス専門の娼婦とそれ以下の兵隊用と分かれていたというから、娼婦の世界にも暗黙の序列があったのだろうか。

中世、娼婦は黙認され、ルネサンス期には許容・制度化されている。一五〇〇年のヴェネツィアでは住民一〇万人のうち一万二〇〇〇人が娼婦だったという。日本の花魁《おいらん》のように、高級な遊女たちももちろんいて、音曲(リュート)や詩作、愛玩犬や贅沢な衣装など、労働とは無縁の生活をし、貴族や身分の高い夫の妻に似ていた。

女子教育では、16章で扱うエステ家の姉妹は当時の一流の芸術家のパトロンとなり、みずからも高い教養を身に着けていた。こうした女性は稀だが、きちんと実在していた。ファン・ルイス・ビベス（一四九二〜一五四〇年）『キリスト教徒の女子教育について』（一五二三年）を紐解くと、女子教育の主な目標として正直さと純潔さを謳っている。男性の人文主義者に向かって、女子も教育しなくてはならないが、過度な教示は慎むのがよいと諭している。教えて良いのは、聖書はむろんのこと、礼儀作法、簡単な道徳的教えで、哲学・修辞学・自然学などは教える必要はない、としている。

総じて男の教養の範囲が経済・社会・政治・知的な仕事であるのに対し、女の場合は身持ちのよさ（純潔）・礼儀正しさ・従順・無口（沈黙、余計な口出しはしないこと）となろうか。男は勇敢、女はお人形（姫様）といった印象を受ける。

前述のように女が針を使えること（具体的には絹織物の技術の修得で、女子教育の真髄である）と、男が剣を振るえることは、同じくらい重要であった。

女性の人文主義者も存在していた。代表的人物にイゾッタ・ノガローラ、ラーウラ・チェレタ、カッサンドラ・フェデーレなどがいる。

いまイゾッタ・ノガローラ（一四一八〜六六年）を例に挙げてみよう。

この女性人文主義者はヴェローナの裕福な家の生まれで、二人の姉とともに家庭教師による教育を受けている。裏を返せば、学校教育の基本である自由七学芸を学んでいなかった。当時の著名な学者といえば、19章で取り挙げるグアリーノ・ダ・ヴェローナだが、イゾッタは彼に書簡を認め、名声を得んとしたが返信はなかった。彼女は女に生まれたことを呪っている。当時、学問とは男が専心するもので、女性がラテン語、聖書、古典を学ぶことなど論外だった。

まさに冒頭の魔女とは何かを定義した書『魔女に与える鉄槌』の趣旨と同じく、学問という領域への女性の参画は認可されないという、「女性蔑視《ミソジニー》misogini」の時代だった。日本でも男は漢字、女は平仮名という表記上の文化的区別があったし、女は「良妻賢母」であることが理想だという因襲もまだ残存している。イゾッタは結婚の話があっても断わり、独身のまま四六歳で没している。こうして、現代のフェミニズム、ジェンダーの問題の源流を女性教育に見出すことができよう。

さて女子教育に関心を寄せたのは前述のビベスだけではない。

ボッカッチョに『名婦列伝』があるが、ボッカッチョが称えた女性の多くは『デカメロン』に登場する女性の一部とは打って変わって、純潔・お喋りではない・従順といった伝統的な美徳の持ち主が中心だった。北方人文主義の王者エラスムスは、女子教育に協力・擁護し、魂に関与する勉学が役に立つとみなした。ハインリヒ・コルネリウス・アグリッパ（一四八六～一五三五年）は、『女性の高貴さと卓越さに関する論説』を発表し、そのなかで男女の相違が解剖学的な面だけだとしている。

クリスティーヌ・ド・ピザン（一三六四〜一四三〇年?）『女の都』（一四〇五年）で彼は、女性が指導者や学者になって、自給自足的な社会を築く話を描いた。

最後に戦国時代さながらに女性は政略結婚に利用された。良い意味でも悪い意味でも烈女を一人挙げておく。ニッコロ・マキァヴェッリには、この世にこれほどあくどい教皇はいない（大意。四一頁）とされ、フランチェスコ・グイッチャルディーニはそれに幸運な、をつけたしたローマ教皇アレクサンデル六世（在位一四九二〜一五〇三年）の娘ルクレツィア・ボルジア（一四八〇〜一五一九年）である。教皇が子どもを平然と儲ける腐敗の時代になっている。典型的なルネサンス期の教皇である。ルクレツィアの実兄にかのチェーザレ・ボルジア（一四七五／七六〜一五〇七年）がいる。

ルクレツィアの寿命は三九年と長いほうではなかったが、三人の男と結婚をして、波瀾万丈な人生を送った。はっきりした生涯は不明だが、ラテン語の「ファム・ファタル（男にとって運命の女）――（赤い糸で結ばれた女）――（魔性〈男を虜にする官能の持ち主〉の女）」として悪名が高い。三人の男とはみな高位の人物で、最初はミラノ公国のスフォルツァ家と（一四九三年）、二番目はナポリ王国のアラゴン家と（一四九八年）、最後にフェッラーラのエステ家のアルフォンソ・デステと（一五〇二年）結婚して七人の子を儲けている。とりわけ二番目の相手のアルフォンソ・ダラゴーナはナポリのアルフォンソ二世の庶子で、ルクレツィアを彼に嫁がせたあとに兄のチェーザレ・ボルジアがアルフォンソを暗殺した（一五〇〇年）ともいわれている。もしこれが正しかったらルクレツィアは実兄にその仕合わせを台無しにされたことになる。「悪女」の汚名は三度も男を取り換えたからか、その真意はわからない。幸不幸は生きているそれぞれの段階で異なるからだが、彼女の人生が不明瞭であるがゆえにこそ想像力が掻き立てられ、文芸作品などに取り挙げられる回数が多いに違いない。

さてルネサンス文化での女性の立ち位置をまとめると、「女性蔑視」に集約されよう。「魔女狩り」の章(15章)でも明らかにされるだろう。この「魔女」は男も含まれていたことはあまり知られていない。ならばなぜ「魔男」とはせず「魔女」としたのか。漢字で「女」部文字をみてみよう。奸、妄、姑、姦、婆、妖、娼、嫉、妬、姦、……とあまり良くない意味の漢字ばかりだ。というよりも悪意に充ちた漢字に女部が多いということだ。文字からして女性蔑視なのだから、古代中国文明も女性蔑視の世界だったと推察される。現代ではもはや通用しない考えだが、歴史を振り返ったとき女性の、生活をはじめとして生涯は、出自も関係するだろうが、なべて安寧とはいえなかったと結論できる。

＊本章執筆は、マーガレット・L・キング(荻野美穂訳)「ルネサンスの女性」(エウジェーニオ・ガレン編〈近藤恒一・高階秀爾ほか訳〉『ルネサンス人』岩波書店、一九九〇年)所収に拠った。

〔参考文献〕

岡田温司『ルネサンスの美人論』人文書院、一九九七年。
ルネサンスの女性論（全三冊、ありな書房、二〇〇〇年）
①アレッサンドロ・ピッコローミニ（岡田温司・石田美紀編訳）『女性の良き作法について』
②アーニョロ・フィレンツオーラ（岡田温司・多賀健太郎編訳）『女性の美しさについて』
③フェデリコ・ルイジーニ（岡田温司・水野千衣編訳）『女性の美と徳について』

9　一（普遍）から多（専門分科）へ

本章の抱える問題は重要である。事例を挙げての説明になるが、「総合」とか「統一」とかいう概念が霧散してしまった現在の文化現象への警告の意味もある。「一」なる世界観の崩壊の例を挙げ、それを「一」へと還したい気持ちが私にはある。まずラテン語の分裂、学問の専門分化（科）、宗教の分裂、ルネサンス文化での万能人の意義、医学・医療の多岐・多様化などである。

身近な事例から始めたい。高校の一年生から二年生に進級するときに、文系・理系に生徒の希望で割り振りする。親の意向も学校側の意図も反映しているかもしれない。大学受験勉強に向けての準備のためであるのは目にみえている。それはそれでよい。私には大学受験予備校講師（英語科）四半世紀の経歴があり、受験勉強を容認・指導してきた。人生の一時期、甲子園出場を目指しての野球をはじめとしたスポーツでも（勉強でなく）勉学でも、とにかく何かに打ち込むことはとても良いことだと思っている。そして青春とはそういう時期なのではなかろうか。一浪したら来年こそ、と夢をプレゼントしてきた、と述べたらいいすぎか。

幸か不幸か私の出身高校は文系理系を分けなかったので、私にとっては異種の頭脳や構造をもつ理系的友人はいまでも貴重な存在である。先日所用があって母校に電話をかけた際に、事務職員とその話題になったとき、もうその出色な「伝統」がなくなり、文理に分けていることを知って愕然となった。母校は北海道随一の進学校だったが、受験校を謳っていなかった。種々な理由があるが、いわれなくても生徒から進んで勉学に励んだからだ。

これも文理相互の知的刺激が功を奏していたに違いないと思う。文系理系に、まだ将来像をつかめていない一年生の秋から、分類を迫るのは百害あって一利なしである。それに受験勉強を高校の教員がこなせるとは思えない。予備校講師経験者の私が、高校二、三年生、それも有名進学校の生徒を、夕方からの高校生クラスでどれほどの数を教えてきたことか。高校の授業だけでは不安、物足りなさを覚えるからだと受講者が口をそろえていったものだ。

「受験英語」などというものは存在しない。ひたすら基礎を教示するのみだ。また英文和訳問題に耐えうる和訳力(日本語力)を賦与することも肝要だ。母国語ほど大切な言語は他にないからだ。たとえば、He is something of a poet.「彼はちょっとした詩人である」はまだ不充分で、じっくりと練って(その練磨の際に止揚できる能力が必須で、私はすぐに以下のような結論を出さずに適切な訳が完成可能なように、「彼は詩人っぽい」と口語的に変換して「……っぽい」を)、「彼は詩人肌である」までもってこれれば合格と明言する。「肌」に本物の詩人ではないという意味を込めている。英語と日本語の双方の実力が一（統合）であることが必須である。ちょっと大げさだが、ここに一なる事象の顕現がはっきりとみえる。これがバラバラになるともういけない。

中世・ルネサンス期と、一なる世界のままだった。それが近世・近代・現代と時代が進むにつれて分岐・分割していった。よくいえば「専門科（家）」していった。それでは言語の面から話を始めよう。

ラテン語に絞ってみてみる。ラテン語が古代ローマ人の使用言語だったことはすでに述べている。ローマ帝国は広大な（ライン川の以東を除いて）地域を支配した。日本でもそれぞれの地区によって「方言（なまり）」があるように、欧州でも各地域でラテン語の、書き言葉は一定だったが、いざ口語になると「俗語（方言）」が生まれた。山脈や川を境に、いまでいう自然国境線で分かれておおよそ成立している。アルプス山脈を挟んで、北のフランス語、南のイタリア語。ピレネー山脈を境に、東のフランス語、西のスペイン語。スペインの隣国で大西洋に面するポルトガルはスペイン領だったが、一三八五年スペインとの戦いに勝利して独立した（同時期プロヴァンスがカタロニアから、スイスがシュヴァーベンから、オーストリアはバイエルンからそれぞれ分離して独立している）。ポルトガル語も前後して文章語にもなっている。一五〇〇年新大陸発見のために航海にでたペドロ・カブラル（一四六七?～一五二〇年?）が南米にブラジルを発見し、植民地とした。他の南米の国の言語がスペイン語であるのに、ブラジルだけがポルトガル語なのはこうした理由による。結局一なるラテン語が多（俗語）に分岐した。

文章語も同じで、イタリア語にはないが、フランス語・スペイン語・ポルトガル語には、それぞれ中世で用いられた口語・文章語がある。イタリア語の場合はダンテ、ボッカッチョが作品で使用したトスカーナ方言が近現代イタリア語の素となっている。極端な話、初級・中級イタリア語を学べば、『神曲』の「地獄篇」くらいは読める。

次に学問に移ろう。

中世の自由七学芸は七科目が相互に連関していて、一種の円環を描いていて、ここに分裂はなかった。中世にさかんに興った大学は、イタリア語で università、英語で university という。また「宇宙」を、順に universo, universe と書くが、それぞれ酷似しているのが見て取れよう。uni は「一」で、verso は「傾き」を意味し、「一へと傾く」で、総じて「一」を指す。

総合大学は各学部に分かれているが、一つのまとまりのある単体で、入学試験も同じである。アメリカの場合、カリフォルニア大学バークレー校といった分校《カレッジ》 college がある。それでも一を保っている。現今の総合大学の誕生は一八世紀以降である。それまでは各大学に特化された学部があって、ギルド組織の専門科となった。神学のパリ大学、法律のボローニャ大学、医理科系のパドヴァ大学、医学のサレルノ大学などが著名である。スコラ神学の大成者トマス・アクィナスはパリ大学で教鞭を執った。ローマ教皇庁があるイタリアに神学の名門大学がなかったことは不思議である。

「カトリック catholic」が「普遍的な」であり、大文字になると「ローマ・カトリック教会の」という、ともに形容詞である。「カトリシズム（カトリック教）Catolisism」で、「プロテスタント Protestant」は「新教徒」の意味。もうおわかりのように、一五一七年のルターの宗教改革で「普遍（一）」は崩れ、二分された。そのプロテスタントも早晩一枚岩でなくなり、分裂してゆく。新規な主義主張を打ち立てた者のほうが保守より分断の傾向が激しいのは、先を競って彼らにとって真なるものを希求するからであろう。私の青春期にみた新左翼の分裂と酷似している。派閥闘争を繰返し、やがて崩壊していった。彼らは「過激主義 radlicalism」と称されたが、語源は radix イタリア語で radice つまり「根」にある。「根本」の意味である。根本を究めようとすると、simple を求めることと同意になり、単一、即ち、根本主義――過激主義となる。基本的なものを探究すると回答は限りなく「一」に近づくから、他の修飾は不要で赤裸々な姿――「根っこ」だけになる。

世界のグローバル化が叫ばれているが、この意味では世界の単一化で、国際化とは様相が異なる。国際化は「国際間」と解され、単一化とはかけ離れている。

さてこの実相をルネサンス文化のなかにみてみよう。

「万能人《ウォーモ・ウニヴェルサーレ》 uomo universale」という一群の人たちが存在した。具体的には、レオン・バッティスタ・アルベルティ（一四〇四〜七二年）、フィリッポ・ブルネッレスキ（一三七七〜一四四六年）、レオナルド・ダ・ヴィンチ（一四五二〜一五一九年）、ジェローラモ・カルダーノ、トンマーゾ・カンパネッラなどである。後年のフランスの百科全書派とほぼ同類とみなしてよい。これらの天才たちは、さまざまな学知に長けていたが、それらはみな彼らのなかで分かち難く結びついていて、「一」を顕現していた。後世、たとえばレオナルドを絵画の面から研究する者と、魔術・科学の視点より探究する者に分かれる場合があったとしても、それは近代世界が生んだ分科の所産であって、レオナルドにとってはおそらく不本意だろう。

自分の全体像が多岐にわたってみえようが、あくまで「一」だと本人は思っていただろうから。いったん分科してしまったら、統合への道は厳しい。

たとえば11章で考える医学の分野でも、外科

レオナルド・ダ・ヴィンチ

は目下、一般外科と専門外科に大きく二分され、前者で初診を受け、専門外科――脳神経外科・胸部外科・心臓外科・消化器外科・小児外科・美容外科・整形外科（これはさらに、手とかスポーツ分野に分岐している）のいずれかを紹介される。外科だけでも多数に分かれており、いずれもこなせる「一」なる外科医の存在はいないといってもよいのではないだろうか。

レオナルドは人体の解剖や受胎から子宮内での赤子の成長まで克明に記録していて、現代医学からは不可思議な点もあるが、その時代の水準に鑑みると、やはり秀抜である。『モナ・リザ』や『最後の晩餐』などの傑出した絵画を描き、鳥の飛行についての研究もある。空を飛びたいのは人類共通の夢だったのだ。

ただ困ったことに、レオナルドは秘密主義者で、すでに活版印刷術が動き出していたのに、手稿のまま秘匿した。それも左利きで、左手でそのまま筆にしたので「鏡文字」といわれていて、容易に読めない。私が大学院生の頃、それらの手稿――アトランティコ手稿・マドリッド手稿・パリ手稿など――が日本語に翻訳され、高価な豪華本として販売されたものだ。その学的領域は、数学・幾何学・天文学・植物学・土木工学・軍事技術・光学・水力学など、驚くほど多岐にわたっている。これらは現在、独立した学問として存在している。

レオナルドや他の万能人の思考回路には、「知は一つ」という指針《モットー》・心根・信条があったと思う。知は分岐すればするほど深く探究されようが、知の全体性に常に目配りしなくてはみずからの知の居場所を見失う恐れがある。「井の中の蛙大海を知らず。されど空の青さ(深さ)を知る」(荘子の言葉といわれている)。この有名な諺は前半部で知られているが、後半部がある(あとから付加されたという説もある)。即ち、狭い自分の領域で一つのことを究めたからこそ、その世界の深いところまで知ることができた、の意味である。外科を例にすると、「自分の領域」とは整形外科、「その世界」とは外科学、ないしは医学の全体像か。荘子自身の言葉じたい曖昧模糊としていて、よく読むと首尾一貫性に欠けてもいる。なるほどと首肯するが、究めた領域(世界)の「その世界」とはいったい何かとも悩む。

一つのことを見究めたら、その方法(論)を用いれば他の分野も理解可能だ、と考える。「空の青さ」とは、多種多様な他の知の領域ではあるまいか。

レオナルドと同時代、ドイツで活躍した画家にアルブレヒト・デューラー(一四七一〜一五二八年)がいた。二人に面識はない。両名いずれも偉大な画家だったが、先見性という観点からするとデューラーに軍配があがるだろう。彼は発明されたばかりの活版印刷術(一四四〇年、グーテンベルクによる)を効果的に活用した。

注意を促しておきたいのは、一四四〇年以降もしばらく手写本のほうが重んじられた点だ。活版印刷術以前は写本時代で、これまで扱ってきた人文主義者の文化運動は、極端な表現をすれば、「ルネサンス文化現象」とは、その誕生と存続を活版印刷の発明に負ってはいないことになる。四二行聖書の印刷が一四五二〜五五年で、それから半世紀後まで「初期刊本期《インキュナブラ》」と呼ばれている。

ヴェネツィアの、アルド・マヌーツィオが設立したアルド書店（印刷所）による古典の印刷・刊行、俗語作品を刊行した同地のジョリート書店の出版活動が花開くのは、一六世紀になってからだ。今度は知が活版印刷によって欧州各地に流布することになる。これも一種の「一」から「多」への形態だろう。流通はむろん良いことだが、知の通俗化はまぬがれない。ヴェネツィアに印刷所・出版社が多く集まったのはほかでもない、アルプス山脈ひとつ越えると、活版印刷の本拠地であるドイツが目と鼻の先だったからである。

［参考文献］

奥野克巳／近藤祉秋／ナターシャ・ファイン編『モア・ザン・ヒューマン――マルチスピーシーズ人類学と環境人文学』以文社、二〇二一年。

澤井繁男『イタリア・ルネサンス』（講談社現代新書）講談社、二〇〇一年。

菅田茂昭『ロマンス言語学概論』早稲田大学出版部、二〇一九年。

シャルル・カンブルー（島岡茂・鳥居正文訳）『ロマン諸語』（文庫クセジュ）白水社、一九七五年。

ジャン・ラスパイユ（殿原民部訳）『引き裂かれた神の代理人――教皇正統記』東洋書林、一九九七年。

10 政治・経済――マキァヴェッリとボテロ

この頃の若いひとはニッコロ・マキァヴェッリ（一四六九〜一五二七年）を知らないので驚く。有名な「目的のためには手段を選ばず」の発言者だといっても首を横に振る。日本史や地理が受験科目、また医療関係の専門学校で歴史を学ばなかったというものの、この人物について、たとえいくばくかの知識でももたないのは芳しくない。それほどの偉才である。本章では彼の名著『君主論』を中心に、「目的のためには……」がインチキであることを明かしたい。6章でメディチ家の系図を掲載した際、ロレンツォ豪華公がフィレンツェの政務を引き受けた一四六九年にニッコロ・マキァヴェッリが生を享けたと書いた。ニッコロは青年期にメディチ家のひとたちと交流があったかもしれない。

ところでフランスのシャルル八世がアルプスを越え、旧領ナポリ奪還を目指して半島を南下した「チョーク戦争（イタリア戦争の発端）」は一四九四年で、フィレンツェを防衛できなかったメディチ家は追放され、ドミニコ会士、サン・マルコ修道院長、怪僧ジローラモ・サヴォナローラ（一四五二

〜九八年）が政治顧問となって市の民主化に尽力する。しかしそれは最初の二年間だけで後半の二年（一四九六〜九七年）は神権政治を市民に強いたがため市民の反感を買い、絞首刑のうえ、焼かれてしまう（一四九八年五月）。それ以前、ニッコロは、旧メディチ派で教皇側近のリッチャルド・ベッキの依頼を受けて、サヴォナローラの演説の印象を書き送っている。怪僧サヴォナローラは、例のアレクサンデル六世に

ニッコロ・マキァヴェッリ

よって破門の身で教会側からは危険視されていた（よくいえばサヴォナローラは一種の宗教改革者だった）。この書簡（一四九八年三月九日付）がニッコロに関する記録上の最初の文献で、それ以前の資料は遺っていない。そして怪僧の死後すぐに共和国第二書記官に推され、翌九九年には第二書記官長の位に就いた。任務は外交で戦争を担当した。具体的には、チョーク戦争で分離独立したフィレンツェの海の玄関口ピサの奪還と、アレクサンデル六世の次男チェーザレ・ボルジアなどとの故国攻防を巡る交渉だった。4章で触れた共和国書記官長コルッチョ・サルターティもレオナルド・ブルーニも人文主義者で政治思想家でない。ニッコロも同様で人文主義者である。政治思想家の肩書

をつけるひとが多いが、それは後世からの視点で正しいとはいえない。ニッコロが三〇代を捧げた共和国は一五一二年のメディチ家の復帰で、君主制となる。この間の事情は複雑なので、紙幅の関係で削除する。許されたい。

ニッコロは役人（官僚）だから政権が変わっても解雇されないはずだったが、卓越した政治手腕をメディチ家が嫌い、第二書記官長を免職・解任されている（一五一二年一一月）。時経てニッコロの一家は、フィレンツェの南西の郊外、サン・カッシアーノ近郊のサンタンジェロ・イン・ペルクッシーナの山荘に隠棲する。だが山荘とは名ばかりで、実際に訪れた私の目には立派な建物にみえ、地階は葡萄酒の樽が上下段の棚に隙間なく並んでいた。ここでニッコロは役人としてメディチ家に雇用してもらいたいと、その就職論文として『君主論』（一五一三年）を執筆し、メディチ家に送ったが、功は奏しなかった。もちろん彼は共和主義者だから共和主義の論攷『ディスコルシ』も著わしている。『君主論』は見方を変えると家族の生活費を得るための雇用を期した論文ともいえる。

本章ではこの『君主論』を分析・検討する。三〇章にも充たない小論（冊）だが、爾後の政治・宗教などへ与えた影響には決定的なものがある。主要な箇所だけ五つに分けて吟味する（いずれも池田廉《きよし》訳を用いるが、多少補足している）。

⑴「政治宗教（政教）分離」――第一五章冒頭。

「これまで多くの人は現実の実情に目を向けてこなかった。だが、ひとびとが現実に生きているのと、人間いかに生きるべきかはべつの問題である。いかに生きるべきかを重視して、現に生きているひとの現実を等閑視してはならない」（大意）。「いかに生きるべきか」は倫理の世界、宗教の役割で should の分野。現実の生活のあり方は方法の世界で政治が担う how to の領域。この二種を分けて考えなければ破滅すると、ニッコロの政教分離論の視座は明晰である。この時代、こうした見解を主唱するのは容易なことではなかった。

(2)「目的のためには手段を選ばず」のインチキ——第一八章末尾。

この諺らしきものは『君主論』には存在しない。次に記す翻訳の傍点部に注目してほしい。

「……すべてのひとびとの行動について、まして君主の行動について、……ひとはただ結果（末）だけをみてしまうことになる。……（君主が戦いに勝てば）彼の取った手段はつねに立派だと評価され、誰からもほめそやされるだろう（傍点は筆者）」。

傍点部分をイタリア語原典で示すと、「結果（目的）il fine」（fine は男性名詞で目的と結果（末）の意味をもつ。女性名詞としては「終わり」の意味）、「手段 i mezzi」、「評価され（る〈だろう・原文、受け身の未来形〉）saranno iudicati（giudicati 当時のイタリア語は g は i で代用された）」となる。

これら二カ所の単語を組み合わせかつ（未来形の）受動態を無視して、Il fine giustifica i mezzi.（目的は手段を正当化する）とでっちあげ、それをさらに「目的のためには手段を選ばず」とした。「結果（末）」でしか文章が通じないIl fineを「目的」に勝手に変えて呆れてしまう（この「目的」という訳語だが、翻訳文では「結果」〈池田訳〉、「結末」〈河島英昭訳、岩波文庫〉となっており、「目的」と訳すと文意が通じない。それなのに取り出されたときには「目的」という訳語に変異している。ここに翻訳と原典とに微妙な差異が生まれ、「目的」が独り歩きして誤解を招くことになる。ただし、政治の世界では、法律の範囲で許されればこの内容は許容されるが、多くのひとは法律外でも可とみなしてしまった。この誤解はマキァヴェッリにたいする歪曲のもととなってきた）。未来時制の受身形をなおざりにしたのは容認できないし、これに「権謀術数」という悪い意味の四文字熟語をあてがった日本人の蛮行は猛省に値する。この言葉には一定の条件下だけでのみ通用するという制限を設ければ成立するという説がある。

(3)「宗教に『毒』をみる」――第一八章後半。

該当箇所をそのまま引用しよう。「……ひとびとの前では、君主はどこまでも慈悲深く信義に厚く、裏表なく人情味にあふれ、宗教心の篤い（tutto religione）人物と思われるように、心を配らなくてはいけない。なかでもこの最後の気質（questa ultims qualità）を身に備えていると思わせるのが、なによりも肝心である……」。君主に不可欠な最も大切な「気質」が「宗教心に篤い」ことだと述べている。逆をいえば、政教分離まで訴えているニッコロだから、宗教のもつ恐ろしさを熟知しており、そこに「毒」を見出していたと考える。話は飛ぶが、敬愛する作家、故伊藤整は壮年期になってやっと、マルクス主義ではなく、マルクス教に訣《わか》れを告げられたと述べている（「共産主義と反共産主義」）。

(4)「市民型の君主国」――第九章後半。

当該箇所は共和主義者ニッコロが、君主制との妥協点をみつけけんと努力した結果たどりついた苦肉の策、妥協案であろう。絶対君主制で君主が英邁《えいまい》な場合を想定しての立論である。優れた君主を頂点に戴き二等辺三角形状に民衆の層が存在して、その部分は共和制を布くという発想だ。充分な素質、指導力、準備万端怠らない「君主はけっして民衆に欺かれることはないはず」だと述べている。

(5)「運命と力量（勇武・徳性）」――第七章。

最後になったが、この頁は『君主論』のなかでも最も著名な章である。読後、ほおお、と感心させられる、ニッコロの筆の冴えをみる。要するに運命に左右されるか、運命に打ち克つ力量を有するかどうかだ。彼は教皇の息子チェーザレ・ボルジアと処刑されたサヴォナローラを例に話を進める。どちらがいずれか推測がつくだろうか。

チェーザレ・ボルジアは破竹の勢いで群雄割拠していた教皇領を、秀抜な戦略と軍事力で「整地」

し直した。教会は自己の領地を奪還した。だが、ボルジア公の権威の象徴であった父であるアレクサンデル六世が崩御（一五〇三年）すると、後ろ盾を失って権力も喪失し敗軍の将となってローマに帰参する。これは親の死によって運命を狂わされたので、勇武はあったが「運命」のひとと位置づけられる。

片や、サヴォナローラは一介の修道僧からサン・マルコ修道院長まで実力で昇りつめ、ロレンツォ豪華公の終油に臨席し、ボッティチェッリやピーコ・デッラ・ミランドラにも思想的に大きな感化を及ぼしたことからも、最期は悲惨だったが、ニッコロは「力量」のひととしている。

「力量」のイタリア語は virtù で、力量と徳性の意味をもつが、『君主論』の英訳では、前者には ability を、後者には virtue を当てている。

「力量」と「運命」については多くの研究者の見解がある。そのなかでマキァヴェッリの国家観に言及している一文を挙げておこう――「マキァヴェッリにとって『運命』による君主の典型が重要なのは、『運命』から自由になることに成功するという点だった。したがって両者とも運命に偶然左右される。だが究極の意味での『力量』に到達するのは、ただ国家を持続させる者だけである」（ルネ・ケーニヒ）。

ニッコロはフランスのルイ一二世にも、ボルジア公にも拝謁してフィレンツェ防御のため交渉に当たるが、所詮「使節」であって「大使」ではなかったので決定権がなく、フィレンツェ当局も常に優柔不断だったので、両者の板挟みとなって苦い思いをしている。とりわけボルジア公がイモラに陣を張っていたとき使節として赴き交渉を担当した折には、その地域を測量や土木事業計画案出など自由に歩き回れる資格をボルジア公から得たレオナルド・ダ・ヴィンチと出逢い、ボルジア公内に忍び込んだ人物と三人で、故国フィレンツェのために何とかしようと協力し合っている。レオナルドはイモラの俯瞰図までいまに遺している、鳥の目をもつ天才だった。

ニッコロはついぞメディチ家から雇われなかったが、隠棲から死去の一四年間を多くの著作品の執筆に費やした。後世の私たちにとっては誠に貴重な「お宝期」である。二本の喜劇作品、詩作品、寓話、(メディチ家から依頼された)『フィレンツェ史』など、珠玉の著作品群を遺してくれた。難をいえば女好きで、出張先で、上流階層でなく農民とか女給とかいった下層の女と、妻の目を盗んでは密通している。妻マリエッタとの間に子どもに恵まれていたのに。「英雄、色を好む」か。

さて『君主論』の最終章(二六章)の最後尾はあろうことか、ペトラルカの詩で結ばれている。

美徳は狂暴に抗して、武器をもって起たん
戦火はすみやかに熄《や》まん
イタリアの民の心に
古の勇武はいまも滅びざれば

散文のなかに置かれた詩の意味は大きく、熟読するとニッコロがその詩を掲げた理由がわかる。イタリア半島統一を願っての詩なのである。当時分裂状態だった半島の諸国家に統一を希求した人物は、珍しい存在だった。そして詩を結末に置いている点からも、ニッコロが現実重視者であるとともに、それゆえにいっそう大いなる理想主義者、もっと強くいえばユートピアンであることがみえてくる。

彼の墓はサンタ・クローチェ教会にあるが、その墓碑には、「その非常な名声にふさわしい讃辞を受けなかったひと」と記されている。まさにニッコロの人生を反映しているといえもしようが、これはある意味で最高の称賛とも私には思える。というのもその時代のひとも後世の人間も、ニッコロの内的存在の真相を把握できずにいたし、今もいるからだ。「権謀術数」の人物などまことに実のない四文字熟語で、これを以てニッコロ・マキァヴェッリの代名詞とみなすなど、もってのほかである。

次に日本ではめったに知るひとがいないと思えるジョヴァンニ・ボテロ（一五四四〜一六一七年）を紹介しよう。このひととニッコロの面識は生没年をみてもわかるように何もない。強いていえば、ニッコロが一六世紀前半、ボテロは後半に活躍した逸材だということくらいだろうか。ただ共通点もあったり、相違点もあったりして比較すると興味深いものがある。

まず、ニッコロを政治分野とすると、ボテロは経済畑の人材である。北西イタリアで州都がトリノのピエモンテ地方の出身で、シチリア島のパレルモの神学校に進み、卒業後、一五歳でイエズス会士となり(のち追放される)、パリなど多くの都市で研鑽を積んだ。イエズス会はもうこの頃には、設立(一五四〇年、教皇パウルス三世により公認)していて、主に東洋への布教活動に熱心で(日本にも設立者たちの一人、フランシスコ・ザビエル〈一五〇六~五二年〉が上陸し、日本にキリスト教を伝えている〈一五四九年〉)、布教とともに教育(学校〈セミナリオ、ラテン語学習〉)や病院などの慈善活動を積極的に行なった。ボテロはイエズス会の情報網を駆使して世界各国の政治・特に経済を研究した。東西の主要都市が栄えた要因を、その地理的条件・政治政策から考察している。そして領土の拡大ではなく、交易を介して富を増大させることで国家が繁栄すると結論した。マキァヴェッリのように武力政治に訴える政策ではなく経済に重きを置くことを優先させた。

当時すでに、地理学者ジョヴァンニ・バッティスタ・ラムージオ(一四八五~一五五七年)の『航海と旅』(一五五〇~五九年)が刊行されており、ボテロの代表作『都市の偉大と壮麗さの根拠(邦訳名『都市盛衰原因論』)』(一五八九年)は、東西の都市の様子を事細かに描き切って、さながら古《いにしえ》の世界観光ガイドブックの様相も呈している。

それゆえか、ボテロには『世界報告』(一五九六年)という書もあって、人口問題にメスを入れ、古典派経済学者で『人口論』の著者トマス・マルサス（一七六六〜一八三四年）の先駆けとなった。

また、『国家理性論 *Dlla ragion di stato*』（一五八九年）という秀逸な著書も遺してくれた。国家理性とは一般的にはマキァヴェッリの『君主論』中の言葉だとされているが、「目的のためには……」での説明同様、インチキである。なるほどマキァヴェッリは、「国家 stato」、「理性 ragion」を用いているが、「国家理性 ragion di stato」とまとまっては一度たりとも出てこない。さらに一六世紀の後半は14章で論ずる「対抗宗教改革・反動宗教改革」の時代であり、端的にいうと陰鬱・締めつけの時期だった。ボテロも言葉を選んで書いたと思われる。

本章では全一〇巻中第一巻第一章の冒頭の国家理性の定義を掲げよう。「国家理性とは一つの領国を定礎し、保持しまた拡張するために適した手段に関する教えのことにほかならない」。このうち「保持」が第一で、第二は「拡張」だという。そのわけは、国家理性は君主や国家の存在を必要とするが、領国の「定礎」はこれらより以前にあるからである。換言すれば、領国の存在があらかじめ前提としてあって、その保持・拡張する術を教示すること、それに用いる「頭脳（理性）」のことか。このつづきは文末に挙げる邦訳書を読んでいただきたい。

ともあれ、マキァヴェッリもボテロも、『君主論』に対する勝手な解釈で、迷惑この上ない目に遭っているのが理解されよう。きちんと原典に向きあって考察してほしいものだ。英仏独露西だけではなく、ぜひ、イタリア語修得に進んで挑戦してほしい。そしてできればラテン語も。世界、もしくはイタリアの旅が豊かになること、請け合いである！

＊本章は次の二書に拠った。ともに著者はジョヴァンニ・ボテロ。訳者は石黒盛久。『国家理性論』（風行社、二〇一五年）、『都市盛衰原因論』（水声社、二〇一九年）である。

［参考文献］

石黒盛久『マキアヴェッリとルネサンス国家――言語・祝祭・権力』風行社、二〇〇九年。

鹿子生浩輝『マキャヴェリ『君主論』を読む』（岩波新書）、岩波新書、二〇一九年。

北田葉子『マキァヴェッリ――激動の転換期を生きぬく』山川出版社、二〇一五年。

澤井繁男『マキアヴェリ、イタリアを憂う』（講談社選書メチエ）講談社、二〇〇三年。

セバスティアン・デ・グラツィア（田中治男訳）『地獄のマキアヴェッリⅠⅡ』法政大学出版局、一九九六年。

ニッコロ・マキァヴェッリ（永井三明・藤沢道郎・岩倉具忠編集）『マキァヴェッリ全集』（全六巻、補巻一）筑摩書房、一九九八～二〇〇二年。

マルセル・ブリヨン（生田耕作・高塚洋太郎訳）『マキャヴェリ』みすず書房、一九六六年。

ルネ・ケーニヒ（小川さくえ・片岡律子訳）『マキアヴェッリ――転換期の危機分析』法政大学出版局、二〇一一年。

11 近代医学の黎明——外科、内科（錬金術）

近代医学の発展を、まず外科から、次に内科に関して考えてみる。読み進めれば明らかだが、内科（学）成立に錬金術という「術」の世界が関わっていることを示している。「学」の以前には必ずとは一概にはいえぬが「術」の世界が存在している、ということを知ってほしい。これは最終章の「科学革命——カンパネッラとガリレイ」の説明でもっと明白になるだろう。先取りしていえば、自然魔「術」から自然科「学」へ、である。

9章で触れた外科の分岐以前には、内科と外科の存在があった。この二つは当初、統合されていたに違いないが、両者を駆使できる万能医師が、もしいたとしたらたいした力量だと思う。双方の医師、いまだに仲がよくないようにみえるが、そもそも患者への接し方が異なると思えるので、当然かもしれない。端的にいって、内科は内服薬による治療。外科は（切り）傷の手当、それに癌などの手術だ。

外科のほうが手先に器用さが求められることがわかる。それゆえ鋏を用いる床屋（理容師）が、「理髪外科医」としてある時期まで外科医として活躍した。理髪店のまえに設置されたくるくると回るバーバーポールが、赤（動脈）、青（静脈）、白（包帯）なのはそれゆえである。しかし、腑分けなどの嫌悪される作業を行なうので、内科の医師より身分が低かった。外科医が外科医として自立できるのには、切り傷の縫い方が秀抜である必要があり、その必要性が具体的な発明を生み出した。その人物こそが、「近代外科学の祖」と謳われた、「はじめに」でも言及したフランスのアンブロワーズ・パレ（一五一〇?〜九〇年）である。彼は理髪外科医として出発し、軍隊に従軍。傷病兵の、また大砲による重症者の怪我の処置を担当した。実践・現場主義の彼は大学を卒《で》ておらず、ラテン語も読めなかった。

戦時中は従軍医、平和なときは一般の臨床医として活躍し、フランス国王はじめ高位なひとたちから民衆（パリ市民）まで、分け隔てなく治療にあたった。多くのフランス語による医学論文、著書を著わしている。なかでも『外科学一〇巻』（一五六三年）は画期的な業績で、そのなかに「結紮《けっさつ》」術（原義は結び、絡《から》げる、の意味。外傷などで離断した組織を引き寄せ固定すること）を確立したのは、外科医療で一線を画した功績である。

彼は医学者ではなく、強いていえば「学者肌」の臨床医だった。このような逸材の次の言葉は実に味わいがある。

「医師（である余）が治療し、神が治癒し給う」。

江戸時代後期、長崎の出島にシーボルト（一七九六〜一八六六年。オランダ人でなく、本当はドイツ人）がやってきて、「鳴滝塾《なるたき》」を開き日本人医師に啓蒙的医学を授けるが、卑見では彼の関心の中心は博物学的なものにあって、日本沿岸の一部を測量したり、日本全国地図を入手したり、植生や地理を観察したりしている。日本の内情を探索しにきたスパイなのではないか、という説もあるくらいだ（渡辺崋山）。このひとは「オランダ商館医」として日本での「蘭学（医学）」教授の先鞭をつけた。弟子に高野長英、二宮敬作、伊藤玄朴《げんぼく》など、幕末に活躍する蘭学者を輩出している。長崎の遊女との間にイネという娘を儲けており、この女性は後年、日本で初の助産婦となって活躍する（吉村昭『オランダおイネ』参照）。だがシーボルトの弟子に手籠めにされ、女子を出産している。

思うにシーボルトの医学の面の教授方法は体系的でなく、極端な話、粉瘤《ふんりゅう》の切開方法以上のことは教えなかったのではないか。

その次に来日したのがオランダ海軍医官ヨハネス・ポンペ（一八二九〜一九〇八年）で、彼こそが医学を基礎的・体系的に教授した（イネもポンペの行なう解剖に立ち会っている。ポンペは日本ではじめて、医師である当人がメスを握って解剖を弟子たちに披露した）。即ち、医学を生理学・病理学・内科学・外科学と積み上げて教えたわけだ。この教授方法にシーボルト系統の医師は意表をつかれ、ついてゆけなかった。それゆえポンペは「近代医学教育の父」としてその功績が称えられている。現在の長崎大学医学部の前身となる伝習所（医学所。一八六一年、徳川幕府が海軍士官育成のために設立した教育機関）付属病院（西洋式病院）で医学を伝授した。在日期間は五年で、ドイツ留学中の森鷗外と出逢い、「夢のような五年間だった」と回想している。

新撰組の主治医松本良順（一八三二〜一九〇七年）はポンペの一番弟子といってもよく、現在の順天堂大学の祖を築いた千葉県佐倉の実父佐藤泰然から松本良甫の養子となった。将軍の侍医でもあり、幕末の医療や衛生指導に尽力した。明治以後、松本順（男爵）と改名して、初代の陸軍軍医総監の重職に就いた（司馬遼太郎『胡蝶の夢』、吉村昭『暁に旅立つ』参照）。「近代医学の祖」である緒方洪庵（一八一〇〜六三年）は時期的にいずれの医師にも師事していない。

このようなことから日本の医学は漢方から離れて、西洋医学の道（蘭学）へと進んだことになる。八代将軍徳川吉宗（在位　一七一六〜四五年）の「洋書移入の禁」の緩和策（一七二〇年）によって、キリスト教関連以外の書が日本にたくさん入ってきた。さらに吉宗はオランダ語の研究を奨励し、その成果が野呂元丈（一六九三〜一七六一年）著『阿蘭陀《オランダ》本草《ほんぞう》和解《わげ》、八巻』（一七四一〜五〇年）、青木昆《こん》陽《よう》（一六九八〜一七六九年）著『阿蘭文訳』（辞書）に結実する。蘭学が社会的に認知され、一七七四年『解体新書』（杉田玄白《げんぱく》訳、中川淳庵《じゅんあん》校）が出版された。翻訳の実際の担当者だった前野良沢は刊行時、故あって表紙に名前を連ねていない（菊池寛『蘭学事始』参照）。ともあれ蘭学の大波が起こった。

もはや「蛮学」ではなく真の意味での「蘭学」の到来である。儒学者たちからの反駁は必須だった。

さて日本の医学発展事情を記したのは、知というものは何であれ、一度体系化されないと、本来の意味での「学知」にはなりえず、進展も望めない、ということを理解してほしかったからだ。その意味でルネサンス期に近代内科学の初段階に相当する「医化学派」の誕生をみるが、古代からの医術が「錬金術（師）」の助力を得て成立への足掛かりとなってゆくのを目にするであろう。人体の内部のことだから、外科学とは違ってそう簡単にはゆかなかった。何千年もの歴史があり、その旧態依然とした「殻」を破る必要があった。

まず古代ギリシア人の医師の代表的な人物に、ヒポクラテス（前四六〇?〜前三七五年?）と、ローマ帝国時代のガレノス（一二九頃〜一九九年頃）がいた。ヒポクラテスは臨床医で医術に科学的な光を当てた。ガレノスは生理学者であった。二人ともに「四体液説」を支持した。

「四体液説」とは前記の二人が提唱・継承した説で、病気は四つの体液の均衡が崩れたときに起こるとする考え方で、四体液のバランスが整っていたら健康を意味した。四体液とは次の四つである。

血液――静脈を流れている。

粘液――脳や神経を取り巻いている髄腔内の白色の液体。

黄胆汁――肝臓とそれに付着する胆嚢から流れてくるさらさらした液体。

黒胆汁――脾臓から流れる黒い胆汁→現代医学では不明。

これが古代ギリシア以来、ずっと信じられてきたが、一六世紀前半に活躍した医師で錬金術師でもあったパラケルスス(古代ローマの医師ケルススを超えるの意味。一四九三〜一五四一年)の出現があって、「医化学派」の誕生をみる。

錬金術はヘレニズム文化の知の一つで、あらゆる鉱物に霊魂(anima)が宿ると説く多神教《アニミズム》の立場をとる。端的にいうと、自然界の裡にあってゆっくり「成長」して「金銀などの貴金属」になる工程を「工房 bottega」や「実験室 laboratorio」で人為的かつ加速度的に金銀に「変化」させる術を指し、そのとき用いる触媒を「賢者の石」と呼ぶ。したがって最初に賢者の石を作ることから出発する。銅や鉄や鉛といた「卑金属」を「貴金属」に変容させることは、「不完全なもの」を「完全なるもの」へと変えることで、「病人」を「健康」にすることと同意でもある。そのときの薬を「錬金薬《エリクシル》」という。「実験室 laboratorio」を分析すると錬金術の真意がよくわかる。labora は「労働」、oratirio の原義は「祈禱室」を指す。次頁の錬金術師の仕事場(工房)の絵図をみれば明らかなのだが、卑金属が賢者の石を介して貴金属に変わってゆくのを、竈《かまど》のなかの燃え盛る火に向かって祈りを捧げている術師の姿が見て取れよう。なぜ祈るのか。それは現代化学でも不可能な金の生産が往時、可能なはずではなかったからだ。祈りに金属の変成を託したのだ。そうなると錬金術の主目的が祈りによる

「精神の浄化」であることが理解できる。金属の変成など土台無理なのをわかっての錬金工程なのである。それゆえ合理的な学の世界ではなく「術」の領分に留まり、アニミズムで、鉱物の霊魂の救済を第一とし、人間のこれを第二としたので、人間の霊魂の救いを第一義としている一神教のキリスト教から弾圧を受けた。しかしトマス・アクィナスの師であったアルベルトゥス・マグヌス（一二〇〇?～八〇年）のような中世のキリスト教の大学者も錬金術に興味を示している。同じく術のつく「占星術」も錬金術と密接に関わっていて異教の知なのだが、ローマ教皇専従の占星術師がいたくらいだ。占星術が、いまでも星占いとして人気があるのは、同じく宇宙を扱う天文学という理性的な学の領域に対して、術の世界では、人間の「運命」を推し量れるからだ。「術」はそれなりにきちんとした役割を果たしてきているといえよう。

17世紀に描かれた錬金術の寓意画

　ところで錬金術の歴史はエジプト、バビロニアの冶金《やきん》術に由来し、ギリシア哲学の四元素の理論を身にまとい、宗教面ではヘルメス教（思想）を負い、アラブ世界で「哲学の硫黄・哲学の水銀」の理論で一応完成をみる。そして東方世界から一二世紀ルネサンスをとおして西方ラテン世界に流入する。

ギリシア哲学の四元素（四大）とはプラトンの考案によるもので、自然界が「火（エネルギー）・空気（気体）・水（液体）・土（個体）」で成立しているという説だが、弟子のアリストテレスはこれとはべつに「四特質」を案出した。即ち、「熱・乾・湿・冷」の四つで、四元素のあとに順番としては五番目に相当するが内実は中核となる「第五元素＝第一質料《プリマ・マテリア》＝エーテル」を設けた。エーテルとは重さもなく、実体を特定できもしない、光のようなもので、存在の証明も非証明も不可能なモノと定義された。このエーテルの問題はかのアインシュタインまで引き継がれてゆく。

この第五元素が二本の腕を出して四特質のなかの、それぞれ異なる二つの特質を引きつける。第一質料に熱と乾とで火が、湿と熱とで空気が、湿と冷とで水が、冷と乾とで土ができるとした。四大の成り立ちを、アリストテレスらしく、観念的なプラトンの説を「四特質」を考えることでいっそう具体化している。

ところで何事でもそうだが、旧なるものを新なるものが追い越すときには、それを仲介する人物の見解やある象徴的な事例が起きるものだ。本章の内科（医化学派）の誕生にそういう意味で深く寄与したのが、医師でもあり錬金術師でもあったパラケルススである。彼の介在なければ、錬金術への医術への関与はなくなる。

パラケルススに『奇蹟の医の糧』がある。医術から医学への転換期を生きた人物の言葉に耳を傾けてみよう。

医師は三つのもの（哲学者・天文学者・錬金術師）に熟練していなくてはならない。医薬品は自然の裡にあり、医師は自然から学ばなくてはならない。つまり、12章で論及する、自然を「質」とみている。自然に格差はなく平等で、自然の構造の対比は身体の構造の対比と同等である。自然界から薬が採取可能である。健康状態は天の運行に左右される。人間に効果的な自然界のものを、秩序立ててもたらす者が錬金術師である。

まとめると錬金術師が医師になる過程には、自然と天界の運行をみつめる確かな視線が必要で、医師たる存在は双方のネットワークを駆使できなくてはならない。前時代の残滓を引きずってはいるが、錬金術師の役割を金銀の製造から健康の育成としている点に新規な視座をみる。ロジャー・ベーコン（一二一四？〜九四年）は錬金術を「思弁的錬金術」と「実際的錬金術」に分けている。特に後者は公共の善に役に立ち、多くのものを生成するのみならず、自然から与えられた寿命よりもはるかに人生を延長できるような物質を発見する方法を教えてくれる。これは自然哲学や医学を確固たるものにし、医術の見本ともなりうる、としている。

パラケルススが介在として提示したひとつの「理念」が「塩（灰のなかに見出される）という」（実際の「塩」ではない）もので、灰のなかに存在し、固体とみなしうる。

パラケルススは、錬金術と医学の二つの潮流に新しい経路を開いた人物だと考える。彼の錬金術重視のわけは、金の製造ではなく金属の分離と化学薬品の調合のためだった。彼は多くの文言を造った。なかでも錬金術をspagiriaとしている。この単語は「抽出する」と「集める」を意味するギリシア語に由来する。パラケルススにとって錬金術とは「自然そのものとしては完全へとならないものを、なべて完全へと導く術」であるとともに「医学の調教師にして、医学を清浄無垢、完全無欠ならしめ、医師の知を完成させるもの」だった。近代内科学に及ばなかったのは、次章で論及する自然魔術師と同じく、オカルト的なものに固執して、自然のみならず他のもの（たとえば人間）の「不完全さ」に「完全さ」を強く求めた点にあった。これを「治療」と称したのは当然であった。内科の領域に目を向けたのは錬金術師の、先述した錬金術の実際的面尊重のゆえである。

「哲学の硫黄・哲学の水銀」は実際の硫黄や水銀は指さない。それらは「卑俗な硫黄・卑俗な水銀」という。「哲学の」という修飾語はその下の鉱物を思弁化する。そして硫黄は可燃性、男で霊魂（心）。唯一の水溶性の鉱物である水銀は可溶性、女で精神。塩＝エーテルは中性、不可燃性で灰のなかに存在していて固体だから身体。

男・女へのこだわりは古今東西いつもみられる。一種の類比だが、人類を含む動物は、それに植物も、形態的には男女（オシベ・メシベ）で成立しているのだから、ここを基点とした発想を抜け出すのは至難だった。

傍点部に留意してほしい。「霊魂（心）」「精神」「身体」の三つがやっとそろった。この三つを合わせると「肉体」となりはしまいか。三つで「三元質」と呼び「三位一体」と相似であるのはいうまでもない。「肉体」の対意語は「意識」、「精神」の反対は「身体」、「心」の反対は「身」であろう。

肉体という観念が成って、というよりもそれを提示したパラケルススははじめて医薬品というものを用いて患者の治療を行なった。とにかく外的な「刺激」で患者の自然治癒力を高めた功績は大きい。パレと同じくラテン語を使用せずドイツ語を活用した。破天荒な人物で悶着・騒動にこと欠かなかったが、治療に全力を傾けた一生だった。

「患者 patient」は passion の派生語である。passion は「受容」の意味で、「快」と「苦」の二つのうち、「苦」の方、つまり「受苦・受難」が第一義だ。「受動態 passive voice」も仲間の単語。苦しみを受け容れるには一定の「（能）力」が要る。それが受苦する力であって、それに医師が薬などの技量で「受苦者＝患者」を治療する。治って健康をとりもどした患者は、外へと向かって力（情熱）を発揮する。近年は「情熱」の意味のほうが先行しているが、（英和）辞典は読むものであるから、折をみて頁を繰ってほしい。

最後に中国や日本の漢方の位置づけをしておこう。

西洋医療をあくまで中心としての考えで、それ以外を民間医療とした場合、西洋医療を補完する

「補完医療 complementary medicine」と、西洋医療の代わりとなる「代替医 alternative medicine」の二つがあって、合わせて「補完代替医療」という。この場合の民間医療は保険も適用されないものもある。

もっと漢方の真髄を実践している医療がある。「全体観医療 holistic medicine」と呼ばれ、人間を、からだ・こころ・気・霊性など有機的統合体と捉え、社会・自然・宇宙との調和に基礎を置く包括的かつ全体的健康を目指す点に立脚する医療を指す。こうした考え方は1章・9章の内容に通じている。

患部だけに目を向けず人間全体の有機性を重視した医療で、「気・血・水」の均衡を大事とする漢方の発想と似ている。

〔参考文献〕

村上陽一郎編『知の革命史6　医学思想と人間』朝倉書店、一九七九年。
カルポニエ（藤川正信訳）『床屋医者パレ』（福武文庫）福武書店、一九九一年。
矢崎義男・小室一成総編集『内科学 第一二版』朝倉書店、二〇二二年。
パラケルスス（大槻真一郎・澤元亙訳）『奇蹟の医の糧』工作舎、二〇〇四年。

12 自然観の変移

　本章の内容は、欧州では自然を「質」（自然魔術）とみる自然観から「量」とみる数学的自然観まで、ずいぶんと長い時間を経なくてはならなかったという一点で、その説明にオカルトの世界が関わってくる。オカルトは後述するが、狂信的《カルト》（集団）とは異なる。

　大きく分けては、⑴自然魔術も含めた「質」の自然観とガリレオ・ガリレイ（一五六四～一六四二年）による「量」の自然観に分割しての説明と、⑵「密」と「顕」の自然観、⑶「調和」と「則物」的自然観の相違などにも触れることになろう。

　日本の「神道《しんとう》」は教典も開祖もいない、風のような宗教だが、それゆえに融通無碍で、日本人の生活や生き方に似合っている。日本人の宗教はおおむね、個人・社会・国を水準とした「清浄」と「（自然との）調和」に重点を置いたものである。共同体として日本人は基本的に、いまは廃れたかもしれないが、神仏両方の祭壇を家のなかにもっていた。浄化と融和を保つための強力な淵源として神社と寺院に依存する。野球選手も、棟上げ式も、神主にお祓いをしてもらって清浄を得る。

よく「八百万《やおよろず》の神」といわれ、多神教＝アニミズムと解されるが、ヘレニズム文化、特に新プラトン主義のアニミズムとは一線を画している。勘違いしている方がいるかもしれないので解説したい。「神道」の神々はそれぞれがいずれも異なる。たとえば、A、B、C、D、E、F……と「八百万」と盛りだくさんの神々である。他方、ヘレニズムの神は「一者」と呼ばれ、「一者」の分身による「流出」と「還元」を指す。A（一者）が、2A、3A、4Aと流出し……そしてAに還ってくる円環の思想である。Aであることには変わりがない。Aとは独立しているが遺伝子は引いている（親、子、孫、ひ孫……とみればわかりやすい）。やはりヘレニズム文化もヘブライズム文化も、大きな意味で西洋は「一」の世界に存在する。

これからの記述はいまでも神主にお祓いをしてもらっている私たちにはわかりにくいかもしれないが、「質・量の自然観」のいずれもが、私たちの考えが及ばない西洋的な合理主義下にあることを銘記されたい。

「自然魔術」と「数学的自然観」に共通しているのは、「あるがままに自然をみつめる」姿勢だが、その態度に両者の差異がある。

(1)「自然魔術 magia naturale」という名の書が西欧・南欧には存在する。そのなかの一書に、ジャンバッティスタ・デッラ・ポルタ（一五三五?～一六一五年）著『自然魔術』がある。原本はラテン語で、そのイタリア語訳と英訳版が出ている。全二〇巻の大著（一五八九年）である。その第一巻が「素晴らしい事柄の原因について」で、その第二章に「魔術とは何か」を置いている。「魔術には二種類ある」で始まる明快なこの章を読めば、即座に納得がゆく。

一つは邪悪な霊と関わりをもつ、魔法とよからぬ好奇心で成り立っている妖術の類で、「黒魔術」と呼ばれ、「悪霊《デーモン》魔術」へと至る。

ジャンバッティスタ・デッラ・ポルタ

二つ目が自然魔術で、学識者に高く評価されている白魔術の発展形態である。ピュタゴラス、エンペドクレス、デモクリトス、そしてプラトンたちが代表格で、自然魔術を探究・会得するために海外で研究生活を送り、帰国後学問と公言し、深遠なる神秘性が好評を得た。

デッラ・ポルタはこう記している。「隠微の知識に精通した人たちは自然魔術をいたって高く評価し、自然学の完成とみなす」と。傍点部の「隠微（の）」とは「オカルト（隠された）」の意味。これは(2)で詳述する。

ここで学問と定義づけられている学問とは、下なるものは上なるものに従い、地上のものは天上のものに屈する、また相当な親和力によって、世界の構成要素を引き出してくるという意味で用いている。したがってデッラ・ポルタにとって魔術とは自然の全過程をみわたしたものだという見解だ。というのも天上界（星辰・天体）の運行や諸元素の変化が、地上の動植物や金属、それらの生成や腐敗の隠れた秘密と結びついているからである。それゆえ「学問はなべて自然観に基づいている」。ここら辺の記述に私は惹かれるが、それは熟読すると、ヘレニズム文化の、特に1章で学んだ天地照応の理念を見出すからだろう。

『自然魔術』の「魔術」とは「知的探求（知識）」を指し、自然魔術とは「自然探究（自然に対する知識）」の意味だ。次の貴重な文面を読んでほしい。

精気《スピリト》は神に由来し、霊魂は精気に由来する。霊魂はその序列に応じて他のあらゆる事物に生命を与える。……したがって、上なる力はまさに第一原因から発して下なるものへ至り、糸を編み合わせるように、その力を注ぎ入れるのであり、またこの糸の両端が触れ合わせるように、天上から地上へと糸は全体を絶えず動かしているのである。それゆえ私たちはこうして事物を結ぶことを鎖、環と呼んで正しい。

（第一巻第六章）

一方キリスト教では、「霊魂が聖霊《スピリト》に由来するのでなく、神から直接もたらされる」と説く。もうおわかりかと思うが、「スピリト spirito」がヘレニズム文化のもとでは「精気」、キリスト教（ヘブライズム）文化では「聖霊」となる。自然魔術はあくまで「精気」のほうである。自然魔術師は天地を一致させ、繰り返しになるが、下なるものを、上なるものから受ける素晴らしい能力と威力で結び合わせる。これによって魔術師は自然の隠れた秘密を暴き、明らかにする。したがって人間はみな、万物を見事に形成する神の全能を愛し、褒め称え、敬意を払う（同前）。

ヘレニズム文化のこの神は「一者」と呼ばれ、引用文中の傍点部でも明瞭のように「円環」の思想を形成する。さらに天地照応の自然世界は有機的に結ばれており、自然は呼吸し、生きている。昨今の医療用語で「生活の質 quality of life」は当初「生命の質」と翻訳されていたものだが、いずれにせよ「質」に変わりはない。自然にも同様なことがあてはまり、「自然を質（生き物）」とみる立場が自然魔術師である。生物の誕生を腐敗からとする、今では考えられぬ見解も、デッラ・ポルタは真面目に綴っている。そういえば堆肥による農耕など良い例かもしれない。中世・ルネサンス文化でもこの自然観が長くつづいた。これだけでは説明不足なので、(2)を待っていてほしい。

なお『自然魔術』は刊行と同時にベストセラーになった。全二〇巻が横断的知によって構成されている。もちろん「術」の世界の書だから、いまからみると、共感と反感といった理《ことわり》に基づいた奇妙な記述もみられるものの、第七巻「磁石の不思議について」、第一七巻「奇妙なレンズについて」は、現代にでも通用する卓越した見解である。

片や、一六世紀後半から一七世紀前半にかけて、「質」の自然観と対峙する「量」の自然観が現われる。歴史が「人間」の力によって左右されるという歴史観に鑑みれば、この期間を生きた偉材たちがあてはまる。イタリア代数学派の存在が貴重で、なかでもニコロ・タルターリャ（吃音者というあだ名。一四九九／一五〇〇～一五五七年）の『数と量』（全二巻、一五五六～六〇年）で三次方程式の解法を発見し、ユークリッド（エウクレイデス）の著作をはじめてイタリア語に翻訳し詳細な註を付して出版した。一五四三年にはアルキメデスの著作集もイタリア語に編訳している。ガリレイはこの『アルキメデス著作集』を熟読・味読し、数学的素地を培ったといわれ、タルターリャの孫弟子とも称されている。

ジェローラモ・カルダーノが吃音のタルターリャから、公表せずの約束で聞き出した三次方程式の解法を、主著『大技法 *Ars magna*』（一五四五年）で発表してしまい、両者の間で論争が起こったのは有名な話として遺っている。それ以前にコペルニクスの『天球回転論 *De revolutionibus oribium coelestium*』（一五四三年）が刊行された。これは太陽系の惑星間の秩序を定めた数学的発想の書であって、ガリレイの後年の『星界の報告 *Sidereus Nuncivs*』（一六一〇年）とは違って異端とはみなされなかった。

一五四〇〜五〇年代のこうした科学的発見を前夜としたら、ガリレイの登場は画期的なものだった。『偽金鑑定士』(一六二三年)にて彼は、「自然という書物は……数学の言葉で書かれている il libro della natura ……è scritto in lingua matematica.」と記した。「数学の言葉」とは自然を、あえていえば方程式で顕わしてもよいことだ。即ち、自然を、数字で数えられる「量」とみなす立ち位置にガリレイがいたことになる。

これ以後、この「数学的自然観」が主流となり、デカルトの「機械論的自然観」へとつながってゆく。近現代の自然観もこの思潮下にある。質の自然観も魅力はあるが、科学革命や産業革命、それに情報革命はみな量的自然観に則っている。

(2)「密」と「顕」の自然観

わかりやすくいえば、「密教」と「顕教」を想起していただければよい。こちらは仏教での分類だが、鎌倉仏教になって顕教(浄土宗、浄土真宗、日蓮宗、時宗、禅宗、など言葉でわかりやすく説く教え)が、それ以前は密教(真言宗、天台宗の二大宗派で、法身の大日如来がみずから悟りを呈したといわれる最高深遠な教え)が存在した。密教では護摩《ごま》を焚いたりして、どこかその修法に秘密性を感じる。

この「密」は「非公開」であって、比喩としては地上ではなく、隠れた(隠された)地下の世界の事象である。イタリア語で「——を隠す」を、occultare と書き、その派生語に occulto がある。「オックルト」と読み、英語に入って「オカルト」となった。「隠微な」という邦訳が最適であろう。昼と異なって夜の世界に属する。二四時間すべて昼だったら私たちは生きてゆけない。睡眠をとる暗い夜が必要なのだ。「隠微《オカルト》（哲）学」の誕生で、錬金術・占星術といった術の分野が属している。宗教的にはこれまでの流れでわかるように、反キリスト教である。キリスト教は「顕」で、開放的、公開的で、総じて明るい。

何度か出てきたカルダーノも数学者で医師という科学的で「顕」の世界のひとだが、一六世紀の人物によくみられるオカルトの世界にも関与していた（彼は守護霊、天啓《ひらめき》、それに夢によるお告げを信じている）。それが当たり前の時代だった。そういう意味で素敵な言葉を遺してくれている。

> 人間にとってこの上ない歓びとは、天の深い秘密を知ること、自然界の奥底にある神秘、神的精神、世界秩序を探し当てることである。
>
> （『微細な事柄について』）

傍点部に着目してほしい。「自然界の奥底にある神秘、神的《しんてき》精神、世界秩序」とは具体的には「霊魂」「精神」「秩序」を指す。自然魔術師はあるがままに自然をみつめたが、その奥底に、自然が生きているという理由で、霊魂（命）や精神、秩序を探し求めたのである。まさに⑴で述べた「質」の自然観に属する。より具体的に(1)の内容を補完すると、たとえば、花の枝や花びらの数（量）ではなくて、色・香り・肌ざわり・かたちの美しさなどの質を大事とする考え方である。あくまで主観的なもので、量のように客観的な数値では表現されえない。そうした自然観をもった一群のひとたちが、北イタリア出身のカルダーノはべつとして、南イタリアで時期をほぼ同じくしてこぞって現われた（一六世紀後半から一七世紀初頭にかけて）。

ベルナルディーノ・テレジオ（一五〇九〜八八年）、ジョルダーノ・ブルーノ（一五四八〜一六〇〇年）、ジャンバッティスタ・デッラ・ポルタ、トンマーゾ・カンパネッラ（一五六八〜一六三九年）他である。カンパネッラについては最終章でガリレイとの関わりで論及することにする。

ここではフランシス・ベーコン（一五六一〜一六二六年）から「最初の近代人」と称されたテレジオを紹介したい。この人物はカラブリア州のコゼンツァの名家に生まれ、大学は北イタリアのパドヴァで学んでいる。根本的思想は、世界は理性では理解不能だから「感覚」を第一として、なかでも太陽の「熱」と大地の「冷」の二つに着目して、熱・冷の拮抗で世界が成り立つ、という哲学を樹立した。万物を感覚・知覚で把握しようとしたことから「汎化主義 pansensism」といわれる。この場合、熱と冷がせめぎあう場が必要で「空間」もその二つに加わる。故郷にもどって、「コゼンツィーナ学士院」を創設し、南イタリアの自然学者たちに大きな影響を与えた。著書に二度加筆した『その固有な原理からみた事物の本性について』（全六巻、一五八六年。於ナポリ）がある。

テレジオの哲学は、太陽の熱も、冷なる大地（土）が受容して熱に変わるから、多神教にはならず、キリスト教には反していないとしている。自然魔術師全般がそうだが、アリストテレスの目的論的自然観（猿がツバを吐く目的は雨を降らすためだからだ）に反駁して、反アリストテレスを標榜している。

さてベーコンのいう「近代人」とは観念の世界から唯物的な思想傾向をテレジオに認めているからであろうが、自然の裡に霊魂を求めたところに限界を認め、あえて「霊魂種子説」者としている。「種子」を加味した点で、唯物的視点としたと考える。

(3)「調和」と「則物」

調和とは自然を生き物とみた場合、人間も生き物だから両者は調和している。つまり人間は自然をモノとみなしていないことを意味している。則物とは、自然をモノとみる立場で、自然を無機物と考えている。ならば調和のほうは有機物扱いとなろう。

両者を比較検討すると、調和のほうが質的自然観で、則物のほうが量的自然観である。

最後に宇宙観も含めて、自然魔術師の思考形態をまとめておこう。

宗教的には、いっさいの存在の元は神であり、神と世界が一体とする「汎神論」の立場をとる。

太陽崇拝で宇宙観は天動説である（ブルーノだけが地動説）。自然観としては、自然を生き物（有機的）とし、自然との調和・内包を訴えた。哲学的には、生物・無生物すべての裡に霊魂・心があるとする汎心論者だった。

自然魔術師それぞれが独自の思想を培っているが、本章で取り挙げなかったブルーノが、世界的にはいちばん研究が盛んで、関係する著訳書の出版点数も多い。

［参考文献］

澤井繁男『魔術と錬金術』（ちくま学芸文庫）筑摩書房、二〇〇〇年。

澤井繁男『ルネサンス』（岩波ジュニア新書）岩波書店、二〇〇二年。

キャロリン・マーチャント（団まりな・垂水雄二・樋口祐子訳）『自然の死――科学革命と女・エコロジー』工作舎、一九八五年。

ジャンバッティスタ・デッラ・ポルタ（澤井繁男訳）『自然魔術』（講談社学術文庫）講談社、二〇一七年。

チャールズ・B・シュミット／ブライアン・P・コーペンヘイヴァー（榎本武文訳）『ルネサンス哲学』平凡社、二〇〇三年。

チャールズ・ウェブスター（金子務監訳／神山義茂・織田紳也訳）『パラケルススからニュートンへ――魔術と科学のはざま』平凡社、一九九九年。

13 宇宙と無限の問題——クザーヌス・ブルーノ・コペルニクス

はるか遠い宇宙のことに想いを馳せると気が遠くなって思考停止状態になる。宇宙と無限はほぼ同意語にも思える。ルネサンス文化でもこの二つは重要課題だった。本章では「宇宙」にたいする古代からの思考過程からはじめて「無限」の問題に取り組んだ自然魔術師、そしてガリレイへと至るまで考えてみたい。

宇宙を表わす英語には三種類ある。space, universe, cosmos である。上から順に表象するもの（特徴）には差異があり、宇宙に対する英語圏のひとたちの関心の高さがうかがえる、たとえ、語源が古代の言語であろうとなかろうと、いまも残存しているという意味において。

space は宇宙「空間」で、広大な空間が意識されている。universe は9章で言及したように「一」なる世界を顕わし、「普遍」に重きを置いている。cosmos は宇宙内の「秩序」を示している。みなそれぞれ、なるほどと頷かせる意義を見出せる。おいそれと宇宙には行けない身の人類だから、さまざまな観点から宇宙を勘案しても構わないだろう。

宇宙を考察する「術」と「学」には、「占星術」と「天文学」がある。両者の共通要素はともに、天体現象を計量・観察する点にある。相違点は、占星術が計量・観察結果を基本に、人間や地上の出来事を予言する実践的知識に拠る術で、実行的である。天文学は同じく結果を数学的に分析し、宇宙を物理的に解明して、ひとつの「世界像」を特定する理論的な学問である。

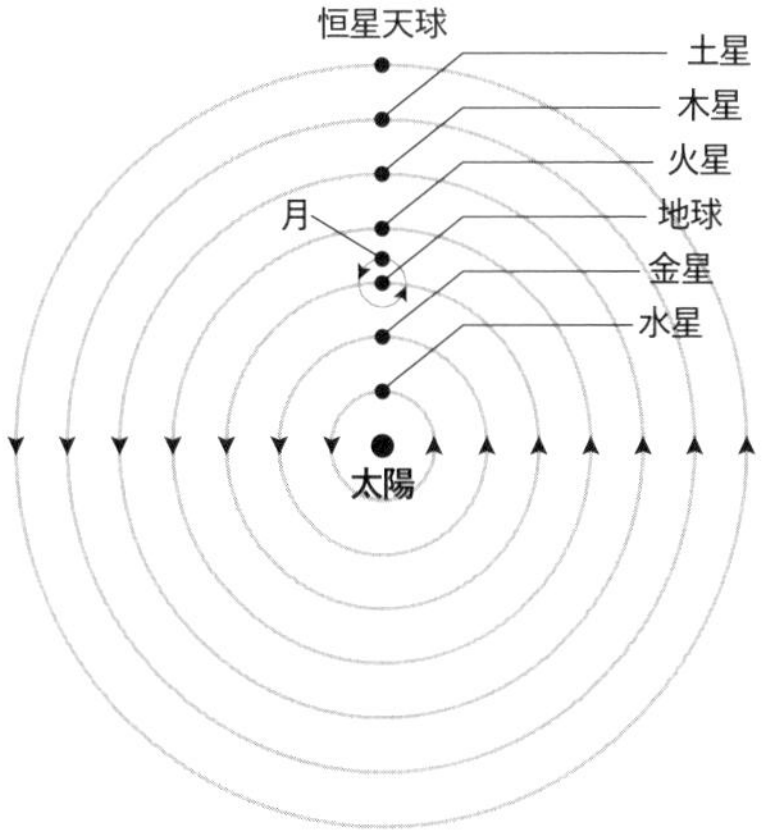

コペルニクスの宇宙体系

さて三つ目の分類として自然（哲）学からの視点がある。天文学との相違は、自然学が宇宙に秩序の探究を主題とした、「世界観（コスモロジー）」を扱う学知という点にある。世界観は宇宙観でもよく、cosmos に近い。宇宙（太陽系）の秩序はコペルニクス（一四七三〜一五四三年）の『天球回転論』で一応の決着をみるが、それ以前は各知識人各様に、以後はより鮮明な宇宙の数理的解決が進んだ。ガリレイ、ヨハネス・ケプラー（一五七一〜一六三〇年）、ティコ・ブラーエ（一五四六〜一六〇一年）など科学革命期に活躍した天文学者（にして占星術に通じているひともいた）は数学者でもあった。

宇宙観（論）について、最も素朴な見解から筆を起こしてみたい。

それは古代の天文学者が宇宙を観察したときどうみえたか、ということであり、そこにはひとつの美意識が存在した。この美的観念に宇宙の天体の運動を無理やりあてはめようとした。観念が先行して実体はそれに追従した。コペルニクスでもその概念を打破することができなかった。

天体（惑星）を素直に観察すると、運行状態が不規則にみえる現象があった。この不揃いな動きを往時の天文学者たちは嫌い、天体運動を完璧な「円」運動に還元すべきだと考えた。円運動こそ真理であり、美であるという認識である。天体神聖視、規則的運動こそ真実とされた。そのために、規則的円運動にしてやること、「現象を救わなくてはならなかった save the phenomena」。プトレマイオスなどエカントと呼ぶ公式を案出して、天動説と完全なる円運動を支えたほどだ。惑星が円運動をしているという説にはコペルニクスも依拠し、天球の存在をも認めている。

コペルニクス説はそれほど新規なものではなく、古代の残滓を引きずっている。

(1) 太陽が宇宙の中心にあって「静止」。

(2) 地球は一年に一回太陽の周りを回転。

(3) 地球はみずからの地軸を中心に二四時間ごとに一回転。
(4) 宇宙は「球形」で有限（天球をもつ）、したがって惑星の軌道は「円」。

アリストテレスの宇宙論、聖人ベーダ（六七二／六七三〜七三五年）による聖書『創世記』第一章の神の六日間にわたる天地創造を解釈した『六日間物語』も興味深いし、トマス・アクィナスの宇宙論、それに輪をかけて神を称え「見神」にまで至るダンテの宇宙論も、いかにも時代背景を考え合わせるとうならせるものがある。なかなか現行の宇宙論にたどりつけないのは、宇宙に実際行けないことのほかに、神の御座所という神聖視面もあったであろう。天球に神がおわすのなら、その天球を破棄する説を唱えた者は異端審問に処せられるからだ。ガリレイは天球（恒星天）の存在を認めながらも、あまりにも広大であるがゆえに、天球を書き入れていない。ケプラーが『新天文学』（一六〇九年）で惑星の軌道が楕円であることを明らかにし、弟子のティコ・ブラーエの彗星の観察によって、天球の存在はやっと消滅した。

6章で、ギリシア語修得第二世代を牽引したフィチーノのことを述べたが、彼の最初の翻訳書が『ヘルメス教（文書）』だった。その際、ヘルメス思想の内容を解説しなかったが、三世紀後のガリレイ、トンマーゾ・カンパネッラにまでその影響は及んでいる。いまはその多様な内実のなかの天文学の分野への感化に絞って語ろう。

ヘルメス思想は古代ギリシアの合理的な哲学や諸学問にたいする一種の対抗思想で、太陽を崇拝し中心と考え、宇宙を直観と神秘主義によって解釈しようとした。ガリレイも自身がヘルメス思想の影響を受けていることを述べている。

……太陽の可動性とか、太陽が月や地球ばかりでなく他のすべての惑星――これらは本来暗い――をも照らす光の源泉であるという事実を考えれば、自然の主なる奉仕者であり、ある意味では宇宙の心臓また魂である太陽が、それ自身の回転によって、それを取り巻く他の諸天体に、光のみならず運動をも注ぎ込む、といっても決して非哲学的なことではない、と確信している。そしてちょうど動物の心臓が止まれば他の運動がすべて止まってしまうように、太陽の回転が停止すれば、すべての惑星の回転も止まってしまうだろう。

（『クリスティーナ大公妃への書簡』〈内実は書簡ではなく論文である〉（拙訳））

ガリレイにしてからが、太陽と心臓の類似関係に関心を抱いている。マクロコスモスとミクロコスモスの照応・一致という、1章で記した古代・中世・ルネサンスとつづいた天地照応の思念の一環である。コスモロジーの時代の最終段階にガリレイがいたけれども、おそらくルネサンスの宇宙観に背中を向けていたことだろう。ガリレイをヘルメス主義者という者は誰もいない……。

宇宙を論ずるときに神の存在は欠かせない。神は「全知全能」といわれるが、その他の表現では「不滅」「不死」「不変」といった「否定詞」が語頭にくる単語が多い。これらの単語を貫通している共通の理念は「無限」の一語に尽きる。無限も宇宙と同じく永遠のテーマで欧州の人士たちもが深く関与している。

第一に、一五世紀前半を生きたニコラウス・クザーヌス（一四〇一～六四年）を挙げよう。このひとは枢機卿の高位にあったドイツ人である。主著に『学識ある無知について』がある。タイトル自体に矛盾を感じるが、クザーヌス独特のアイロニーで、この論法は錬金術のうちの「対立物の一致（身近な例として「両性具有」がある）」に等しい。彼は宇宙がその数学的構造にあって、ある意味では有限でも無限でもなく、またべつの意味では有限でも無限でもある。即ち、不確定だと述べた。逃げてばかりのような気がするが、一種の回答提示で、中世の膠着《こうちゃく》状態が打破された。

第二に、ジョルダーノ・ブルーノ（一五四八～一六〇〇年）の無限論についてだが、ブルーノも自然魔術師の一人だったので、復習のつもりで、ルネサンスの自然に関する観念に触れておこう。ルネサンスの自然観は二つの異なる概念で成り立っていた。即ち、「物理的世界としての自然（所産的自然 natura naturata）と、創造力としての自然（能産的自然 natura naturans）が存在した（後者の読みは「じねん」が適切か？）」。近代的意味での自然主義は前者の自然の模倣《ミメーシス》を意味するが、ルネサンスの何人かの著述家は後者の模倣を主張した」（ピーター・バーク）。

これを念頭に置いて、ブルーノの無限に進もう。著書に『無限、宇宙および諸世界について』がある。彼は世界（宇宙）を一つの生命体と考えていた。地球が地球内部に伏在する霊魂の機動力で太陽の周りをまわっているという。地動説支持者だが、この夢想は理論的数学者のケプラーから批判を浴びる。また南イタリアに届いていたアヴェロエス（一一二六〜九八年）の世界霊魂《アニマ・デル・モンド》説の影響も感得できる。世界霊魂とは神的存在で、万物の裡にあって万物を充たし、霊魂の根源であって、事物の本質を超えて、各事物に内在している、いわば自然のなかに映し出された神のことで、もちろん個人霊魂もある。

クザーヌスの感化のもとにあったブルーノの無限論は次のような解釈だ。

宇宙とは「全体の無限 tutto infinito」であって「全的に無限 totslmento infinito」ではない。前者は、いかなる制限にも属性にも帰せられることを拒絶する一にして無限なるもの（能産的自然）。後者は、宇宙から探り出せるその各部分は有限なものであって、宇宙に包まれている無数の諸世界も、そのひとつひとつは有限である（所産的自然）。

それならば神は、全体の無限で、全的に無限である存在とされる。結論として、神の無限性は宇宙の無限性とは正反対——宇宙の無限性は全体のなかではじめて全的に存在するものであって、宇宙のなかに私たちが認知できるような特定の諸部分の裡にはないことになる。ブルーノは11章で少しだけ触れたエーテルについても言及している。またコペルニクスにたいする解釈は、夢想の産物である天国という閉鎖された壁を破って宇宙の無限性へと人間の視野を拓いてくれた点で評価している。とはいっても天球が存在していたのではあるが。

ブルーノの着想は詩的で、実験などしない机上の空論で、魔術的な域を出ていない。

第三に、カンパネッラの宇宙観について。このひとは最終章で取り挙げるが、ベルナルディーノ・テレジオに私淑し、ガリレイとも親交を結んでいて「感覚知」の把握が可能だった。無限に関しては主著の『事物の感覚と魔術について』(一六二〇年)全四巻中の第二巻二五章「人間の、不死性と神性について」に詳しい。その個所を引用しよう。

ところで人間が思量しつつあるとき、人間は太陽より上、それよりもまだ上、つまり天空の外側、無限世界に想いを馳せているが、これはエピクロス主義者と同じ知恵の絞り方である。即ち、自然とは、ある種の無限なる原因の結果であり、太陽や果てしなく時を過ごす際の居場所となる大地の結果ではない……。(拙訳)

そして崇高な言葉というものをもたない動物だが、それは言葉に無限の神の叡智が宿っており、動物はそれを理解できる存在ではないからだ。神に向けてだけ聖なる教えがある。家禽も獣も雄鶏も太陽に敬愛の念を抱いているが、そのいずれもが無限なる神にたいして信仰心をもっていない。人間だけが不可視だが明瞭な無限への認識が明らかである。無限の認識を人間に賦与された唯一な才覚・天の配剤とみている。ブルーノと違い率直でわかりやすい。

最後にこれほど広範な有機的な心性（精神的傾き）がガリレイ、デカルト、ニュートンなどの自然哲学者の正面からの挑戦を受けて果てるのは、一七世紀になってのことである。

［参考文献］

岡本源太『ジョルダーノ・ブルーノの哲学――生の多様性へ』月曜社、二〇一二年。

澤井繁男『カンパネッラの企て――神が孵化するとき』新曜社、二〇二一年。

園田坦『〈無限〉の思惟――ニコラウス・クザーヌスの研究』創文社、一九八七年。

高橋憲一訳・解説『コペルニクス・天球回転論』みすず書房、一九九三年。

アレクサンドル・コイレ（横山雅彦訳）『閉じた世界から無限宇宙へ』みすず書房、一九七三年。

ガリレオ・ガリレイ（小林 満訳）『ガリレオ書簡集』水声社、二〇二二年。

ジョルダーノ・ブルーノ（清水純一訳）『無限、宇宙および諸世界について』（岩波文庫）岩波書店、一九九五年。

トンマーゾ・カンパネッラ（澤井繁男訳）『事物の感覚と魔術について』国書刊行会、二〇二二年。

14 宗教改革・対抗宗教改革・反動宗教改革

文学者伊藤整は『文学入門』で次のように述べている。「古い社会体制が崩れてゆく時には、それまで人間が、それに打ちあたって破ることができない壁と考えたところの社会制度とか道徳などが、しだいに実力のない弱いものになっていって、制度よりも人間性が意味あるものに思われて来る」と。この場合、「古い社会体制」を「ローマ教会」、「(古い)道徳」を「ローマ・カトリシズム」とみなせば、「意味ある人間性」が「宗教改革の内実」となろうか。また旧なる体制の裡にすでに冬芽の存在も意味している。本章で扱う論題はまさにこれに該当し、因襲対改新の構図を描いているが、一枚岩が成立した場合、その後どうなるかも考えてほしい。

はじめに前提となるのは、キリスト教とローマ教会はべつものであるという点だ。キリスト教は信仰の対象だが、ローマ教会は世俗の組織である。ちょうど親鸞《しんらん》の唱えた教えと浄土真宗系の寺とが異なるのと同じである。キリスト教徒は神と人間との考察、たとえヘレニズムの異教が勢いよく芽吹いても、キリスト教はルネサンス文化の屋台骨だった。キリスト教人文主義が生まれたにしても、人文主義者はキリスト教を否定しなかった。かえって人文主義の文化は宗教生活の刷新・強固な精神力・宗教の実である信仰の内的要素の探究を目指した。

人間は宗教（信仰の社会的営為）をもつ存在である、とはすでに述べている。つまり人間存在には宗教が不可欠と言い換えてもよい。より具体的にいえば、信仰とは人間の理性によって計られるものではなく、神と霊魂との関係としてある。霊性への問いとみてもよいだろう。ゆえに宗教とは内面的経験であり、人間性に充ちた同胞愛である。

これまで、一、二回出てきた、ナポリ・ルネサンスを支え、人生の後半を教皇庁で書記官を務めたロレンツォ・ヴァッラ（一四〇七～五七年）は宗教にたいして確固たる見解の持ち主だった。信仰の平和、人間と人間との「融和」を説いた。融和であることに興味を覚える。すでに宗教的寛容は消滅していた。一連の説話群『三つの指輪』の物語では、ユダヤ教、キリスト教、さらにイスラームが加わって三つの宗教の平等を主唱しているが、こうした説話が成立したのは、現実がその逆だったからに違いない。

宗教改革が起きるのにはそれなりの起因が必須だった。

メディチ家出身の教皇クレメンス七世（在位一五二三～三四年）の側近で、マキァヴェッリの後半生の良き友だった歴史家フランチェスコ・グイッチャルディーニ（一四八三～一五四〇年）が遺した

『備忘録《リコルディ》』は僧侶の腐敗・零落をなまなましく伝えている。

私ほど、坊主の野心、貪欲、堕落を苦々しく思っている者はあるまい。実際、これらの悪徳はそれじたい忌むべきものであるし、また同時に、これらの悪徳のひとつひとつが、また全部が、神に帰依する生活を旨とする聖職者には、まったくふさわしくないものだからである。

（永井三明訳）

として、カトリック信者の私だが、こうした生臭坊主どもが力を増してよいのなら、ルターのほうを愛しただろうと結んでいる。強烈な皮肉だが、それほどにカトリックの教会や聖職者たちの日常が乱脈であった証左である。

宗教改革はマルティン・ルターがその火ぶたを切るが、爾後各派に分裂してゆくものの、どの派も共有した、改革の三大原理がある。即ち、「信仰のみ（信仰義認）」「聖書のみ」「万人祭司」の三つである。

ヴィッテンベルク大学神学部教授ルターからみてゆこう。

ルターの宗教改革について著名な言葉として、「エラスムスの温めた卵をルターが孵《かえ》した」とい

マルティン・ルター

う文言がある。エラスムス（一四六九?～一五三六年）は北方人文主義者の王と位置づけられるが、手紙魔だったともいわれている。彼はローマ教皇レオ一〇世（在位一五一三～二一年）の庇護を受けつつも、このメディチ家出身の、金銭に糸目をつけずに出費・浪費を重ね、教会を腐敗へと陥れた教皇とその現状を深く憂慮し、かつ鋭く批判して浄化を訴えていた。ルターはエラスムスのその姿勢に共感していたが、教会がヴァティカンの金庫をとうとうカラにし、免罪符ならぬ贖宥状《しょくゆうじょう》を発行するに至って、ついに革命の狼煙《のろし》をあげた。一五一七年の一〇月『九五箇条の論題』をヴィッテンベルク（北ドイツの小都市）城の扉に貼り出したのがきっかけとされている。ちなみに、免罪符を買った者はあの世（煉獄）にまず行って、地上で犯した罪を火で浄化してもらってから天国に行けたのにたいして、贖宥状は煉獄を通過せずまっすぐ天国に直行できた。贖宥状販売の名人さえ出てきて教会の金庫は潤いをとりもどしつつあった。ルターの憤りは察しがつくだろう。

ここで困惑したのはエラスムスだ。教皇の庇護にありながら教会の浄化を訴えていたところまではよかったが、自分の思想の影響下にあったルターが、書斎から出て改革の闘士となり、世間から脚光を浴びた。生来書斎派だったエラスムスは進退きわまり、最終的に身を引いた。

イエスが万人の罪を背負い十字架に架けられたおかげで、キリスト教徒なら皆、教皇の斡旋がなくとも救済への恩を受けられる。当時異端とされていたイングランドのウィクリフ（一三三〇？～八四年）やボヘミヤのフス（一三七〇？～一四一五年）の「予定説」をルターは採用する。救われるひとはあらかじめ選ばれているという考え方で、神の絶対性を説いた。神の尊厳や認識が先験的《ア・プリオリ》にあって、人間は神にたいして第一義的意義はもちえない。カトリック教会と異なって、ルターは、教皇の上に聖書を位置づけた。みずからがキリスト教徒たらんとすべきは、善行でも祈りでもなく「信仰」のみである。キリストだけがこれを賦与できて、何びとたりとも神の決定（予定説）を変えられない。ルターは破門（一五二〇年）されるが、教えは燎原《りょうげん》の火のごとくドイツ各地に広まり、論戦の嵐が吹き荒れた。

時の神聖ローマ皇帝カール五世（在位 一五一九～五六年）は、東から襲いかかってくるオスマン帝国軍との戦いに明け暮れ、ルター派の抵抗を鎮圧できかねた。

ここでぜひ知ってほしいことがある。後述する二人の宗教改革者の青年期の素養が人文主義であったのにたいして、ルターのそれがキリスト教という宗教だった点である。根っからのヘブライズム人であり、ルターにしてみれば宗教改革とは、キリスト教人文主義で異教のヘレニズム文化の思潮で汚れた人文主義を洗い落として、まっとうなヘブライズムに還す、という狙いが心根にあったに違いない。ルターはもともとドイツ人であり、南のヘレニズム文化の隆盛の最中にあって、北のヘブライズムの文化への再認識を促したかったはずだ。北のドイツ人ルターの宗教的教養と南の人文主義の対抗がうかがえる。

ルターたち――「教皇庁の指導性に対抗して、反抗しているひとたち（プロテスタント）」――の判断は、教皇の支配下にある限り「救い」は望めないという結論である。ルターは破門の勅書を大学の同僚や学生の集まるまえで焼き棄てた。ここにルターが教皇を逆に異端者呼ばわりすることとなった。

次の二人の改革者は人文主義的教養を身に着けて成人した。

スイス人ウルリッヒ・ツヴィングリ（一四八四～一五三一年）は、典型的な人文主義的聖職者で、一五一八年、チューリヒ大聖堂での演説でカトリックの教義と実践を真正面から論難し、「チューリヒ宗教革命」（一五二二～二五年）の基となった。ルター同様、聖書を教皇の上に置いた。両名の教義は似ていたが、その人柄に違いがあった。ツヴィングリは、ルターの情熱的神秘性も、最後の改革者ジャン・カルヴァン（一五〇九？～六四年）の十字軍的峻厳さも持ち合わせていなかった。人文主義を人格形成の糧としたこのひとは、神秘主義的な面からほど遠い位置にいて、行動の人、組織創りの達人だった。ルター派とは聖餐《せいさん》（キリストの血と肉を象徴する葡萄酒とパンをひとびとに分け与える儀式）一点で意見の一致をみず、ルター派の方がカトリック的痕跡を留めることになり、双方敵同士となった。その分裂を機としてカトリック側との戦闘となり、ツヴィングリも一兵卒として戦った。劣勢のなか彼の屍は八つ裂きに、加えて火刑に処された。

最後の宗教改革者フランス人カルヴァンも人文主義的教養を身に着けている。彼の登場する一六世紀半ば頃、教義論争に飽いたひとたちは人文主義を歓迎した。カルヴァンの出世作『キリスト教綱要』(初版ラテン語、一五三六年)は発売と同時にベストセラーとなって版を重ねた。彼は「予定説」よりもっと厳格な「二重予定説」を指針とした。救われる人間と、滅びゆく救われない人間を神はあらかじめ定めている、というある意味で過酷で非合理な考えを提示した。誰が救われるかそうでないかは神のみぞ知ることになる。救いが決定されていないことに私たちは不安に駆られる。これをカルヴァンは充分承知のうえで、こう市民をたしなめた。人間の理性など有限なもので、過ちとは無限である神を、人間の限りある理性で把握しようとする点にある。しかしこれは祈りと善行とが無駄であるという意味ではなくて、その二つで神の決断を変えることなどできないという謙虚な姿勢を示唆している。祈りや善行は「義務」の遂行であって、救済されるか否かはべつとして、その「義務」を果たさなくてはならない。これはルターの「ひとは善行でなく信仰によって救われる」(「パウロ書簡」)と同義である。これにたいしてカトリックは、善行によるひとの神にたいする義(正義)を重要と位置づけている。

カルヴァンはこの趣旨に従って、一五四一年九月ジュネーヴ(当時フランス領)で宗教改革を起こし、神権政治を布いたがジュネーヴ市民はよく耐えた。「予定説」より厳格な「二重予定説」を受容した市民は、救われたいと神の恩顧を希求し仕事に専心する。マックス・ヴェーバー（一八六四～一九二〇年）が著わした『プロテスタンティズムの倫理と資本主義の精神』（一九〇四～〇五年）にもあるが、現世肯定の人文主義を素養としたこのカルヴァンの、結果として労働の推奨となった主唱のもと、富と権力が世俗の野心でなくなり、道徳的義務、恩寵の開示、彼岸の保証となった。カルヴァン派の台頭でルター派は北ドイツ・北欧に追いやられた。そしてイングランドでは「清教徒《ピューリタン》」、オランダでの「ゴイセン（物乞いたち）」、フランスの「ユグノー」の誕生を促した。「新世界」北米にわたった「ピルグリム・ファーザーズ」はもともとエリザベス一世の改革を批判し、国教会からカトリック的要素を排除してカルヴァン主義に純化しようとしたひとたちである。カルヴァンの教えは、西部への開拓者精神、イギリスの産業革命、オランダの東洋進出を生むことになる。

なべて精神面・意識の刷新があってはじめて、現実的な行動に移ることがここで明らかになる。重要な命題のひとつとして記憶に留めてほしい。

宗教改革にたいしてカトリック側も黙ってはいなかった。時代的には一六世紀半ばから後半に相当する。いまでは反宗教改革とはいわず「対抗宗教改革」と呼ぶ。これには保守派、革新派の二つが存在した。

保守派を「Cntroriforma」といい、「トリエント（トレント）公会議（一五四五〜六三年）、そしてイエズス会の結成（一五三四年、パリにて。認可は教皇パウルス三世下の四〇年）とつづいて「反動宗教改革」に及ぶ。イエズス会はローマ教皇庁の教えに忠実であることを基本に世界各地へと布教活動に専念する。日本のキリシタン大名もみなイエズス会士である。7章でリーフデ号臼杵《うすき》漂着を述べたが、イエズス会士たちの新教徒たちへの反目には恐怖さえ覚える。

トリエント（南チロル地方の小都市）公会議は断続的に三期にわかれて開催された。教皇パウルス三世（在位　一五三四〜四九年）からパウルス四世（在位　一五五五〜五九年）を経て、ピウス四世（在位　一五五九〜六五年）までの、一五四五年から一八年間にわたった。新教徒も招待されたが、参加を拒否している。この会議でその後のカトリックの宗教政策が決定づけられることになる。会議はイエズス会が主導している。

わかりやすい事例を挙げれば、ガリレイの地動説を認めず天動説を是とした点で、一九六〇年代の第二次ヴァティカン公会議でやっと地動説を承認しているほど保守、というより因襲的な色合いを呈していた。「反動宗教改革」といわれても仕方がないだろう。「宗教裁判所の再開」（一五四二年）、「禁書目録の作成」（一五四三年）と反動的で険悪な雰囲気の世の中になってゆく。

変則的な会議だったが、多くの成果を挙げた。最も明らかになったことは、新旧のべつが歴然としていなかったのが、会議のあと、明白となった点だろう。ローマ・カトリシズムとプロテスタンティズムの識別が明瞭となった。
聖書に関しては、ローマ側がラテン語のウルガータ聖書のみを認可、正典とした。プロテスタントは自国語の聖書の使用を許した（ちなみに、新約聖書のドイツ語訳はルターによる）。善行がなくとも信仰によってのみ救われる（信仰義認）としたプロテスタントにたいして、公会議（カトリック）は信仰義認はあくまで過程であって、人間の救いは信仰と功徳が共存してはじめて達成されるとした。

片や革新的なほうは「Riforma Cattolica」と呼び、カトリック内部からの改新運動を訴えた。キリストによる人間救済の教えを強調したルター派とほぼ同じだったが見破られなかったフォン・デ・バルデス（一五〇〇？〜四一年）の福音主義、ヴェネツィアの名門の出のコンタリーニ枢機卿（一四八三〜一五四二年）が筆頭格で、コンタリーニはすでにルターの宗教改革の時点で教皇庁に緊急（用心）の報せを送っている。コンタリーニはルター派との和解を模索し、一五四一年ドイツのレーゲンスブルクで両派の代表が会議をもつことになった。ルターは弟子のメランヒトン（一四九七〜一五六〇年）を、教皇パウルス三世はコンタリーニを送ったが、ルターも教皇も代理人を信頼していなかった節がある。結局会議は成功しなかったのだが、その原因は不明とされている。ただ、一五四一年といえばカルヴァンのジュネーヴ宗教改革と同年で、その影響が大きかったという説もある。コンタリーニは翌四二年に死去するが、会議に賭けた労力が報われなかったがゆえの失意の死ともいわれている。

「ルネサンスと宗教改革」というテーマは重く、これで一冊の本をものすことができるほどの歴史上の一大出来事である。

エルンスト・トレルチ（一八六五〜一九二三年）の同名の名著では、ルネサンス的人間を万能人（教養人――無職業人。したがって経済的寄生虫として支配者と結びついた、権力寄生的存在）、他方、宗教改革的人間を職業人で禁欲的とみている。即ち、いくばくか古い見方だが、中世的「禁欲」が「解体」してルネサンス文化運動が、「強化」されてプロテスタンティズムが起こったとし、両者の妥協・融合が啓蒙《けいもう》思想を、近代文化の誕生を導いた、という見解だ。

卑見では、ルネサンスは南欧・西欧・イングランドにまで広がった広範な刷新的文化現象ゆえ、時代意識の転換をみる。つまり「革命《レヴォルーション》」的な意義をもつ運動だったのにたいし、宗教改革はキリスト教という一宗教内での新旧の分裂・対立だから「改革《リフォーム》」の域を出ない、と考える。

ここでも明確なのは、保守は一つにまとまって勢力を堅持しつづけるが、革新派は団結しきれず分裂を繰り返し、結局、保守派に太刀打ちできないことである。

［参考文献］

石坂尚武『どうしてルターの宗教改革は起こったか――ペストと社会史から見る』ナカニシヤ出版、二〇一七年。

加藤隆『福音書＝四つの物語』（講談社選書メチエ）講談社、二〇〇四年。

澤井繁男『自然魔術師たちの饗宴――ルネサンス・人文主義・宗教改革の諸相』春秋社、二〇一八年。

ヴァルテル・フォン・レーヴェニヒ（岸千年訳）『ルターの十字架の神学』グロリヤ出版、一九七九年。

エルンスト・トレルチ（内田芳明訳）『ルネサンスと宗教改革』（岩波文庫）岩波書店、一九五九年（重版多数）。

グィッチャルディーニ（永井三明訳）『政治と人間をめぐる断章 リコルディ』（中公クラシックス）中央公論新社、二〇一八年（『フィレンツェ名門貴族の処世術』講談社、一九九八年の改題）。

シュテファン・ツヴァイク（高杉一郎訳）『権力とたたかう良心』みすず書房、一九八〇年。

ジャン＝ピエール・トレル（渡邊義愛訳）『カトリック神学入門』（文庫クセジュ）白水社、一九九八年。

15 魔女狩り

「魔女狩り」と最終章で扱う「科学革命」は、一五五〇〜一六四〇年という時期にほぼ同時に起こった明暗の区別がはっきりした出来事である。こういう現象は近年の「コロナ禍」と「ＡＩによる新情報革命」にも似ている、二項対立の文化現象である。

本章で取り挙げる「魔女狩り」は大きく二つに分かれる。政治経済社会的視点のものと、民俗学《フォークロア》的観点のものである。

後者のほうが映画『魔女の宅急便』などを思い出せば容易に説明がつくが、あとの愉しみにとっておき、前者から始めよう。

まず「魔女」という言葉である。「魔女」の反対語は「魔男」ではなく「聖女」である。女という部位の意味の酷さは8章の末尾で述べたとおりだが、ここは男も魔女の範疇に入る。ただ「魔男」という単語を造らなかっただけである。

英語では、知恵を授かった「賢い男、女」が原義で、wise man → wizard, wise women → witch と記述する。彼らの行為が witchcraft（魔術・妖術）の意味になる。では魔女とは何かを順々にみていこう。

(1) 昔、「知恵者」を疎ましくみなす傾向があった。その最適な例が「産婆」だった。赤子を取り上げて子孫を保持する大切な役目のひとが、それだからなおさらその技術が神秘性をまとい、畏怖の念を抱かせる存在だった。産婆のみならず、どこの村にもいた年寄り（長《おさ》）——彼ら彼女らは長年の経験から薬草の見分け方、利用法、それに民間療法やまじないや占いにも精通していた。ある意味で知識人だ。こうした得難いひとたち、特に女性が魔女と呼ばれた。

(2) 一五五〇年から一六四〇年まで「時代の裂け目、転換期」と捉えられている。名称を付すとすれば、ルネサンス文化末期＝近世（初期近代《アーリー・モダン》）が適切だろう。アルプス以北の諸地域では、南欧からの貨幣経済の侵入によって貧富の差ができ、農民たちが貧困にあえぎ、ルネサンス期を襲った寒冷気候のせいで飢饉が止まず、ペストに代表される疫病が一八世紀まで断続的に発生した。農民一揆が勃発し、宗教戦争も頻発し、千年王国論（聖書のなかの「ヨハネの黙示録」を典拠に、神の審判前にキリストが降臨し、背信の輩を打倒し、真のキリスト教徒を一千年間統治すると説く、キリスト教の終末論の一説)、さらに宇宙の秩序に関する論争が盛んになった。

民衆の多くにとっては苦難と苦悶の時期だった。それとは逆に、少数の者たちにしてみれば「創造」の時代だった。こうした苦境や苦痛は、悪魔がこの世に解きはなたれて、人類のうちの弱い性質のほう、傷つきやすい、いじめの対象となりがちなひとびとの半分、つまり女性が悪事を働いているとみなし、この種の女性(一部は男性)を魔女としてまつりあげた。

あるいは、精神的障がい、身体的ハンディを負い、共同体から疎外されて孤立化し、加えて自分が精神障がい者だと自己暗示にかかった民をも魔女に仕立てた。

(3) 社会的、宗教的、政治的な集団ヒステリーのなかで何の根拠もなく、社会的世情不安から、魔女にまつりあげられた女性(男性)。往時の女性蔑視も大きく作用していた。というのも本性上、女性は男性より劣り、肉体は常に抑え難い欲情に充ちていて、この世に脅威をもたらし、秩序を破壊する、本質がカオスであり否定すべき不法なる存在だったという迷信のせいもあった。

(4) 父性信仰で一神教のキリスト教は東方からの侵略宗教だった。欧州土着の、母性信仰・豊穣崇拝・多神教といった古代の神々を信ずるひとたちを、キリスト教は都市を基盤に商人が中心となり、次々と改宗させてゆく。ローマ帝国では三一三年にキリスト教を公認さえしている。それほど普及したことになる。ところが本来的に土着の母性型信仰を大切に信じてきた民衆はなかなか改宗しなかった。

そこでキリスト教側は一計を案じた。イエスの母とされる、「聖母マリア信心」を創造した。マリアはいうまでもなく女性である。これで多くの民が土着の神々から、母性を新たに設けたキリスト教の神へと信仰を改める。しかしながらそれでも、最後まで土着の神々への信仰を破棄しなかった者たちを魔女と呼んだ。この説が目下のところ、最新といえよう。

マリアとイエスを、カトリックでは「処女懐胎」とみるが、プロテスタントでは「生物学上」での母子関係としている。

(5) ルネサンスはイタリアで起こったが（フィレンツェとほぼ同時か、あるいは見方を変えるとナポリをはじめとする南イタリアのほうが早かったかもしれない）、中世末の地中海交易やその後の東方貿易で、（北）イタリアの諸都市の商人たちが中継ぎをして、アルプス以北の国々や地域に商品を高く売って利ザヤを稼いだ。それが潤沢な資金となって貨幣経済が北イタリアの都市国家で発展する。ルネサンス文化運動の下支えがこうしてできあがる。

同時期アルプス以北の地域のほとんどの農村では貨幣経済が浸透し始めた頃にあたり、(2)でも多少とも触れたように、こういう時期に必ず「貧富の差」が生ずる。ドイツ、フランス、スペインの農村では貨幣経済の浸透で階層の分化が起こり、農村共同体が解体の憂き目に遭う。貧富の差は下手をすると農民一揆を勃発しかねない。そこで格差から貧民の目をそらそうと案出されたのが、人身御供というある特定の人物に責めを負わせたりいじめの対象としたりして、他の民衆の不満をその人物に向け、その者を村での余計な存在とすることだ。村人の犠牲となって火刑などに処され、それで村人の欲求不満というガスを抜いてやる。

一種のガス抜きで、その悲劇を背負わされた者を「犠牲の山羊《スケープゴート》」という。村民が選び、司法機関や教会が利用して魔女が誕生する。なぜ「山羊」かといえば、民俗学での悪魔の象徴が山羊だからであろうか。

(6)　8章で言及した「悪魔学」の観点からすると、一五一七年のマルティン・ルターによる宗教改革、一五四一年のジャン・カルヴァンによるジュネーヴ宗教改革は周知の事実だが、宗教改革の以前でも以後でも、魔女狩りは衰えをみせていない。女性蔑視の最低な書、『魔女に与える鉄槌』(一四八五年)は、魔女迫害者を助け、被害妄想の諸観念に反するあらゆる異議を排除する目的で書かれた詳細な書である。宗教改革以前も以後も魔女の基準と魔女排斥のマニュアル本となった。貨幣経済の進んだイタリアでは二版ですんだが、後進地域のドイツでは一六版、フランスでは一一版も増刷りがつづいた、とは述べている。三つの国の魔女狩りの実体が貨幣経済の発展の度合いで左右されるのがみえてくる。

まとめとして、悪魔学の成立によって民衆に生じた危機意識を乗り越えるために犠牲の山羊が捏《ねつ》造《ぞう》された向きもあろう。「学」を付すことで、現実と超現実、自然と超自然、可視的なものと不可視的なものの境を見定めようとしたのか。悪魔学を定めた教皇至上主義者にとっては教会の霊的統一で、信徒たちの共同体の市民的政治的にヒビ割れをきたすものが魔女で、排斥すべき存在だった。

民俗学での魔女狩りに入るまえに、次頁のルネサンス期の「都市と農村の文化的対立構造」を確認しておこう。

民俗学的立場からの視点はおおよそ反キリスト教側に立つ。

冒頭に記した映画『魔女の宅急便』では、主人公の少女キキが、箒《ほうき》にまたがって空を自由自在に飛ぶシーンがたくさん出てくる。あれは民俗学的には反キリスト教を表わしている。性行為での「騎乗位」を明示しているからだ。箒が男でキキが女である。キリスト教で騎乗位は許されざる体位で正常位のみ認可されている。

「魔女」のあり方も同様で、魔女は「サバト」と呼ばれる「魔女の集会」(sabato はユダヤ教の安息日

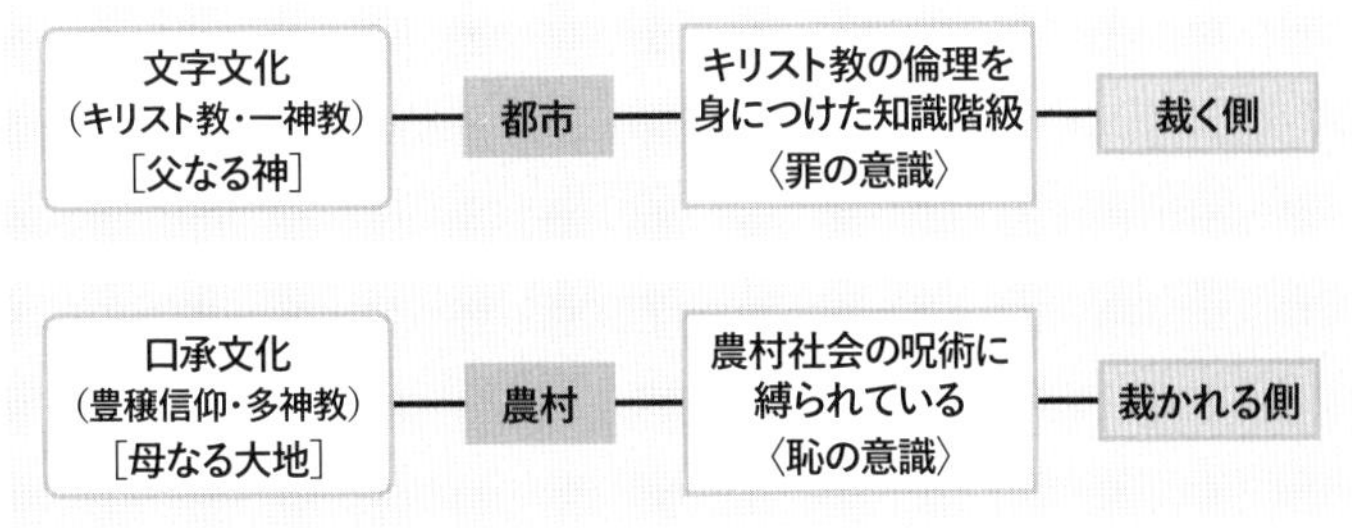

ルネサンス期の都市と農村の文化的対立構造

＝イタリア語で土曜日の意味。神は労働者のため冥界で休息する。日曜日が安息日となったのはキリスト教化以降のことである）に出かける。

　サバトに赴くのは陽が暮れてから、軟膏（ヘビ、カエル、髪の毛、経血、聖体のパンなどが材料）をからだに塗り、箒に乗って空を飛ぶ。ときには動物たちにまたがったり彼らに変身したりして飛行する。「夜間飛行」と「変身」は民俗学的要素であり、シャーマニズム的な「豊饒儀礼」を意味する。サバトの成立は、魔女狩りに関連する、司直・異端審問官・悪魔学者たちの妄想が生み出した民俗学的な幻想である。魔女たちの祈願は豊穣だから、その保証のため冥界に行って、予言や幻視の能力を磨いた。サバトに出席した魔女たちは悪魔のまえで忠誠を、悪魔の肛門に接吻して服従を、誓う。

　悪魔との契約は「涙の欠如」といわれて、涙がかれてしまう。悪魔はたいてい山羊か馬で表現されてきた。魔女の手下に「使い魔」と呼ばれるモグラ、コウモリ、カエル、トカゲがおり、男悪魔と交接を飽くことなく繰り返した（池上俊一）。

ゴヤ『魔女のサバト』

二〇世紀の著名な歴史家であるイタリアのカルロ・ギンズブルグ（一九三九年〜）の著作にはたくさんの邦訳があるが、上村忠男が『夜の合戦』（みすず書房、一九八六年）、竹山博英が『ベナンダンティ』（せりか書房、一九八六年）と邦訳名を変えて訳出した、Benandante はギンズブルグの代表作である。この単語は「bene」と「andante」が組み合わさったもので、「上手く」と「現行の」の結合語である。強いて意味をとると「上手くいっている」で、文脈から「魔法使い」くらいの意味合いか。

この著作はイタリア北東部のフリウリ地方での、一六世紀から一七世紀にかけての農民たちの幻視伝統に関わったひとたちの一件を詳細に採集したものである。農民トッフォがいうには、自分はベナンダンテでほぼ二八年間、四季の斎日（穢《けが》れを避けて慎むべき日）ごとに他のベナンダンテたちと一緒にストレーゴーネ（魔法使い）やストレーガ（魔女）たちとの戦いに、肉体は寝床にのこし霊魂となって、しかし昼間の衣服を着て出かけなければならなかった、と。彼らはウイキョウの若枝を武器にして戦った。農民たちは無教養で、いかなる影響も受けていない民間神話は、不可避的にあらゆる個人や地域の付着物を惹きつけている。そうした付着物こそが、その神話の有していた生命力と普及力の雄弁な証人であった。ベナンダンテは異端審問官にいったんは逮捕されるが、審問官の怠慢ですぐに釈放される。ベナンダンテたちを悪魔の定義に押し込めようとするが、無駄だとわかると、裁判官はにわかに無関心となる。ベナンダンテは裁判官と魔女の間で不安定な存在として位置づけられることになる（『ベナンダンテ』第三章）。

ギンズブルグは「ミクロストリア（境界など明白に定義された小さな単位を対象とし、集中的に、歴史学的な調査・記述を行なうこと）」の創始者といわれているように、全欧で繰り広げられた大規模な魔女狩りとは似て非なる一地方の一群のベナンダンテという農民たちを描いた。すべてが一様ではない好例である。

［参考文献］

池上俊一『魔女と聖女——ヨーロッパ中・近世の女たち』（講談社現代新書）講談社、一九九二年。

上田安敏『魔女とキリスト教——ヨーロッパ学再考』（講談社学術文庫）講談社、一九九八年。

浜本隆志『魔女とカルトのドイツ史』（講談社現代新書）講談社、二〇〇四年。

D・P・ウォーカー（田口清一訳）『ルネサンスの魔術思想——フチィーノからカンパネッラへ』平凡社、一九九三年。

ノーマン・コーン（山本通訳）『魔女狩りの社会史——ヨーロッパの内なる悪魔』岩波書店、一九八三年（再刊はちくま学芸文庫、二〇二二年)。

ロベルト・ザッペーリ(大黒俊二ほか訳)『妊娠した男——男・女・権力』青山社、一九九五年。

16　フィレンツェ以外の都市でのルネサンス

日本の観光地での「売り言葉」に「小京都」という文言があるが、イタリアではちがって、「小フィレンツェ」という存在はない。イタリア人は自分たちの共同体を大事と考える郷土愛あふれる国民なので、みずからの「地方・地域の共同体」を大切にしており、あえていえばその地が「おらが国」である。イタリア共和国よりも地元のほうを重視する傾向にある。だから「小……」はないと思ったほうがよい。本章はそのいくつかの際立った共同体（都市）のルネサンス文化の紹介である。順にナポリ、ウルビーノ、フェッラーラ、マントヴァ、ミラノ、ヴェネツィア、（フィレンツェ）、ローマと進んでゆく。

イタリア・ルネサンスというとフィレンツェだけが注目される。私は14章末尾で、宗教改革を「改革《リフォーム》」、ルネサンス文化現象を「革命《レヴォルーション》」と位置づけている。イタリア半島を例にとっても、フィレンツェのみならずルネサンス文化は起こっている。それらの都市のなかで私はナポリをはじめとした南イタリアこそ、ルネサンス運動の起点だと思っている。

一二五〇年、地中海をゲルマン人初の「われらが海」にしようと半島北上中のフェデリーコ（フリードリヒ）二世が途上で病死する惨事が起きる。王は「最初のルネサンス人」（3章）といわれたとはすでに述べた。特徴として万能人だったことを挙げておこう。数カ国語を話し、城塞建築にも精通し、軍事面でも第六回の十字軍を率いてイェルサレム無血入城を果たしている。文芸では後年ダンテたちによって「清新体派」と呼ばれる詩派を生み出した。シチリア島のパレルモは当時の国際都市で、宗教的寛容政策によって、ユダヤ教（シナゴーク）、キリスト教（教会）、イスラーム（モスク）が分け隔てなく林立していた。王はナポリに最初の国立によるナポリ大学を設ける（一二二四年）。ナポリ大学は中世来の他の大学と違って、皇帝直轄の知識人（官僚、シチリア王国の臣民）を養成するための、王の政治的意図のもとに創設された教育機関で、官僚養成の法学部が中軸だった。その他に学芸・医学・神学部があった。正式には「綜合研究所 studio generale」で「学位」授与機関でもある。人文系の科目全般を学べる全国区の大学である。即ち、教皇派《ゲルフ》下の法学部で著名なボローニャ大学に対抗する皇帝派《ギベリン》の大学としての存在意義は大きい。前者のボローニャ大学は専門家養成を主体とした、組織形態としては università だった。フェデリーコ二世は教育にも一石を投じた逸材だった。

ナポリ大学で学んだ学生のなかで卓越した人材では、中世スコラ神学の大成者であるトマス・アクィナス（ダンテ『神曲』ではトンマーゾ・ダックィーノとイタリア語で表記されて登場するので、しばし面食らう）がいる。

フェデリーコ二世の没後、南イタリアは混乱をきわめる。詳細な説明は省くが、シチリアを教皇の直轄地として奪回したい教皇アレクサンデル四世（在位 一二五四～六一年）以下、二人のフランス人教皇、ウルバヌス四世（在位 一二六一～六四年）、クレメンス四世（在位 一二六五～六八年）がフランス勢力の導入を画策する。カペー朝のルイ九世（在位一二二六～七〇年）の弟シャルル・ダンジューの南下を導く。この人物がドイツ系のホーエンシュタウフェン家を滅ぼすことになる（ドイツ系の血筋の断絶。一二六八年）。これよりナポリは皇帝派から教皇派に一変する。シャルルは首都をパレルモからナポリに移し、独自の半島政策に乗り出し、シャルル（カルロ）一世（在位 一二六六～八五年）として登位する。ナポリがフランス・アンジュー家の支配下に入ったことになる。シャルル一世はフィレンツェの銀行家、兄のルイ九世、教皇ら三者に政治経済面を負うことが多く、これらの代理君主の体をなした。そして一方で、頻繁に強大な軍事力でフィレンツェを助けている。

シャルル一世はシチリア島民に圧政を布いたので、一二八二年三月「シチリアの晩禱」事件が勃発した。シチリア島民はスペイン・アラゴン家の支援を得、最終的にフランスに勝利して、シチリア島はアラゴン家の手に落ちた（ナポリ王国とシチリア王国の分裂。一二八二年）。

ナポリはシャルル一世の孫のロベルト一世（在位 一三〇九～四三年）のときまでに、ナポリ市内の美化（「新城」、ヴォメロの丘に建てた牢獄としても使用された「サン・テルモ城」）を築き上げていく。ペトラルカを桂冠詩人に列したのもロベルト王だった（一三四一年）。一四世紀前半、ロベルト王のもとで「初期ルネサンス」が開花する。この時期はフィレンツェ・ルネサンスの初期で、文人・画家がナポリを訪れている。ペトラルカ、ボッカッチョ、画家ジオット（一二六六?～一三三七年）、シモーネ・マルティーニ（一二八五?～一三三四年）、彫刻家ティーノ・ディ・カマイーノ（一二八〇年代初期～一三三七年）などがいる。このなかでボッカッチョは父親がナポリに、バルディ商会の代理人として赴く際に同行した。父親はボッカッチョを商人の見習いにさせるつもりだったが、彼は実業には興味を示さず、詩作に専念してしまう。この時期、ボッカッチョにとっての最大の収穫は、ダンテにとっての永遠の恋人ベアトリーチェ、ペトラルカにとってのラウラに相当する、絶世の美女フィアンメッタとの出逢いであろう。

英邁なロベルト王没後から、スペイン・アラゴン王家のアルフォンソ大度《たいど》王のナポリ入城（一四四二年）までのおよそ百年間は、アンジュー家のお家騒動がつづいた。頼りとしていたフィレンツェの両替商も、英仏百年戦争（一三三七～一四五三年）で、イングランド王エドワード三世に貸していた金銭が、敗北によって回収不能となり、バルディ商会、ブオナコルシ商会、ペルッツィ商会などの金融業者が倒産していった（一三四三～四六年）。このあとに頭角を現わすのがメディチ家なる新興勢力である。

ナポリに関して頁を多く割いてきたのは、日本の世界史教育では「ナポリをみて死ね」で著名な、ナポリを中心とする南イタリアへの言及が少ないからだ。もう少しつづけよう。アンジュー家の内紛で収拾がつかなくなっていた間、フィレンツェでは前期ルネサンス文化の花が開いた。ナポリではアルフォンソ一世（大度王）としてナポリ王となったアラゴン家のアルフォンソ五世（在位一四一六〜五八年）の登位とともに文化的に活性化し、息子のフェルディナンド（フェランテ）王（在位一四五八〜九四年）下で経済的に繁栄する。二人の八〇年弱の統治下でナポリはルネサンス文化繚乱期を迎える。フィレンツェの平和は四〇年だったが、ナポリはその倍である。フィレンツェの「プラトン・アカデミー」に類する「アカデミー（学士院）」がアンジュー家設立の「新城」の宮廷内に設けられる。創設に参加したのはパノルミータことアントニオ・ベッカデッリ（一三九四〜一四七一年）で、アルフォンソ王に忠誠を誓って『アルフォンソ王言行録』（一四五五年）を著わした。学士院の次世代の代表者は詩人にして人文主義政治家のジョヴァンニ・ポンターノ（一四二二／二六？〜一五〇三年）で、両王に仕えた天才的な詩人で能吏でもあった。労働の大切さを謳った『堅忍論』は当時としては貴重な作品である。

さらに「牧歌」という新分野を切り拓いたヤーコポ・サンナザーロ（一四五六〜一五三〇年）の存在意義は大きい。『アルカディア』という身心の安らぎと蘇生を表現した傑作を書き、大好評を博した。最後にこれまで何回か触れたロレンツォ・ヴァッラ（一四〇七〜五七年）を挙げておかなければならない。アルフォンソ王のもとで書記官、フェルディナンド王の家庭教師を担当し、地元で人文主義者を育てている。

ヴァッラは、エネア・シルヴィオ・ピッコローミニ（一四〇五〜六四年。のちの教皇ピウス二世）、枢機卿ニコラウス・クザーヌス（一四〇一?〜六四年）とともに「教会大分裂」の時代（一三七八〜一四一七年）を、一五世紀前半を生きた人士のうちの一人で、最大の業績は「文献批判学の祖」となったことだ。『コンスタンティヌス（大帝）寄進状偽作論』がその好例である。ローマ皇帝コンスタンティヌス（在位 三一〇〜三三七年）が教皇シルウェステルス一世（在位 三一四〜三三五年）に土地を寄進したとする文書が、八世紀に作られた偽書であったことを暴いた画期的な論攷である。彼はまた『ラテン語の優雅さについて』も執筆して古代ローマのラテン語に価値と賛辞を与えた。

その後フランスのシャルル八世の南下によるイタリア戦争の勃発による政治的紆余曲折を経て、一五三二年、スペイン国副王ペドロ・デ・トレド（在位 一五三二〜五三年）の統治下でナポリ王国はその歴史に新たな一頁を添えた。こののち約二五〇年間、王国は閉鎖的な平和の時代を過ごすことになる。

次に半島中・北部の文化都市について述べるが、そのまえに「後援者」、英語で「パトロン patron」、イタリア語で「メチェナーテ mecenate」の話をしておこう。

後援・支援の方式として次の五つが挙げられる。

(1) 食客として遇する方式。
(2) 一時的に食客として迎える方式。
(3) 作品売買の支援をする方式。
(4) アカデミー・システム――信頼すべき美術家や著述家で構成された組織を通じて行政機関が統括する方式
(5) 補助金的システム――財団が創造的な芸術家を後援するが、何を制作するかに関しては容《よう》喙《かい》しない方式。

以上だが、(4)と(5)は当時まだ存在していなかった。

それでは半島を北上しながら主要な文化都市をみてみよう。

ウルビーノ公国のモンテフェルトロ家について。ロマーニャ地方で一三世紀から一六世紀まで栄えた、傭兵隊長《コンドッティエーリ》の建てた都市国家で、フェデリーコ・ダ・モンテフェルトロ（一四二二～八二年）のときに最盛期を迎え、図書館・公共事業・芸術なども充実した。彼は教皇シクストゥス四世に仕えウルビーノ公に任命された（一四七四年）。息子のグィドバルド（一四七二～一五〇八年）が最後の支配者で、メディチ家に取って代わられる。一五〇六年、外交官にして作家のバルダッサーレ・カスティリオーネ（一四七八〜一五二九年）が、その宮廷で『宮廷人』を著わしている（出版は一五二八年）。

フェッラーラはポー川流域に位置する北イタリアの、最もルネサンス的といわれる都市である。エステ公爵家の統治下にあった。兄弟である、レオネッロ（在位 一四四一〜五〇年）とボルソ（在位 一四五〇〜七一年）。レオネッロはアルベルティ、ヤコポ・ベッリーニ（一四〇〇?〜七一年）などを後援した。ボルソのあとのエルコレ一世（在位 一四七一〜一五〇五年）は、マントヴァのゴンザーガ家、ミラノ公国のスフォルツァ家に二人の娘を嫁がせた。

長女のイザベッラ（一四七四〜一五三九年）はゴンザーガ侯爵家のジャンフランチェスコ（フランチェスコ二世）と結婚し、多く画家や文人のパトロンとなった。レオナルド・ダ・ヴィンチ、ティツィアーノ（一四九〇?〜一五七六年）、マンテーニャ（一四三一〜一五〇六年）、ラファエッロ、ジュリオ・ロマーノ（一四九二?〜一五四六年）〔以上、画家〕。カスティリオーネ、ルドヴィーコ・アリオスト（一四七四〜一五三三年）、トリッシノ（一四七八〜一五五〇年）、バンデッロ（一四八五〜一五六一年）〔以上、文人〕。まことに多士済々の感がある。次女のベアトリーチェ（一四七五〜九七年）はミラノのルドヴィーコ・スフォルツァ（一四九四年ミラノ公になる）に嫁ぎ、政治にはいっさい関心を示さず音楽や絵画に熱中した。次代のアルフォンソ一世（在位 一五〇三〜三四年）は再婚相手として教皇アレクサンデル六世の長女ルクレツィア・ボルジアを迎えた。夫妻のフェッラーラの宮廷は華美と流麗で名を轟かせた。

ベアトリーチェが結婚した相手のミラノ公国だが、ロンバルディアのポー川流域平野に位置する北イタリア有数の都市国家で、本書ではすでに4章で触れている。ミラノのヴィスコンティ家とフィレンツェとの戦いを想起してほしい。相手はヴィスコンティ家のジャン・ガレアッツォであった。こののち、男系がフィリッポ・マリアで途絶え、その庶子に娘マリアがいて、スフォルツァ家のフランチェスコが彼女と結婚し、ミラノ公国を継いだ。またヴァレンティーナ・ヴィスコンティがオルレアン大公と結婚していることから、フランスはミラノの王位を要求した（次頁、系図参照）。一四九九年フランス王ルイ一二世が攻めてきて、ミラノを一五一二年まで支配した。一四九九年時、ミラノ公国に滞留していたレオナルドは戦争回避のため、ミラノを去り、ヴェネツィアなどを経由してフィレンツェに帰国している。

そのヴェネツィアの出番である。

アドリア海の女王とも呼んでもよいこの都市の風光明媚なことはナポリとはまたべつの趣がある。街の骨格をなす諸運河は、ランゴバルド族の侵攻で難民があふれて海へと土地を求めたことに端を発する。ルネサンス期、欧州最大規模の商業・海運力を誇り、政治体制は君主制・独裁制・民主制の三要素をうまく調和した、それこそルネサンス的なもので、「（共和国）統領《ドージェ》」が治めた。地中海

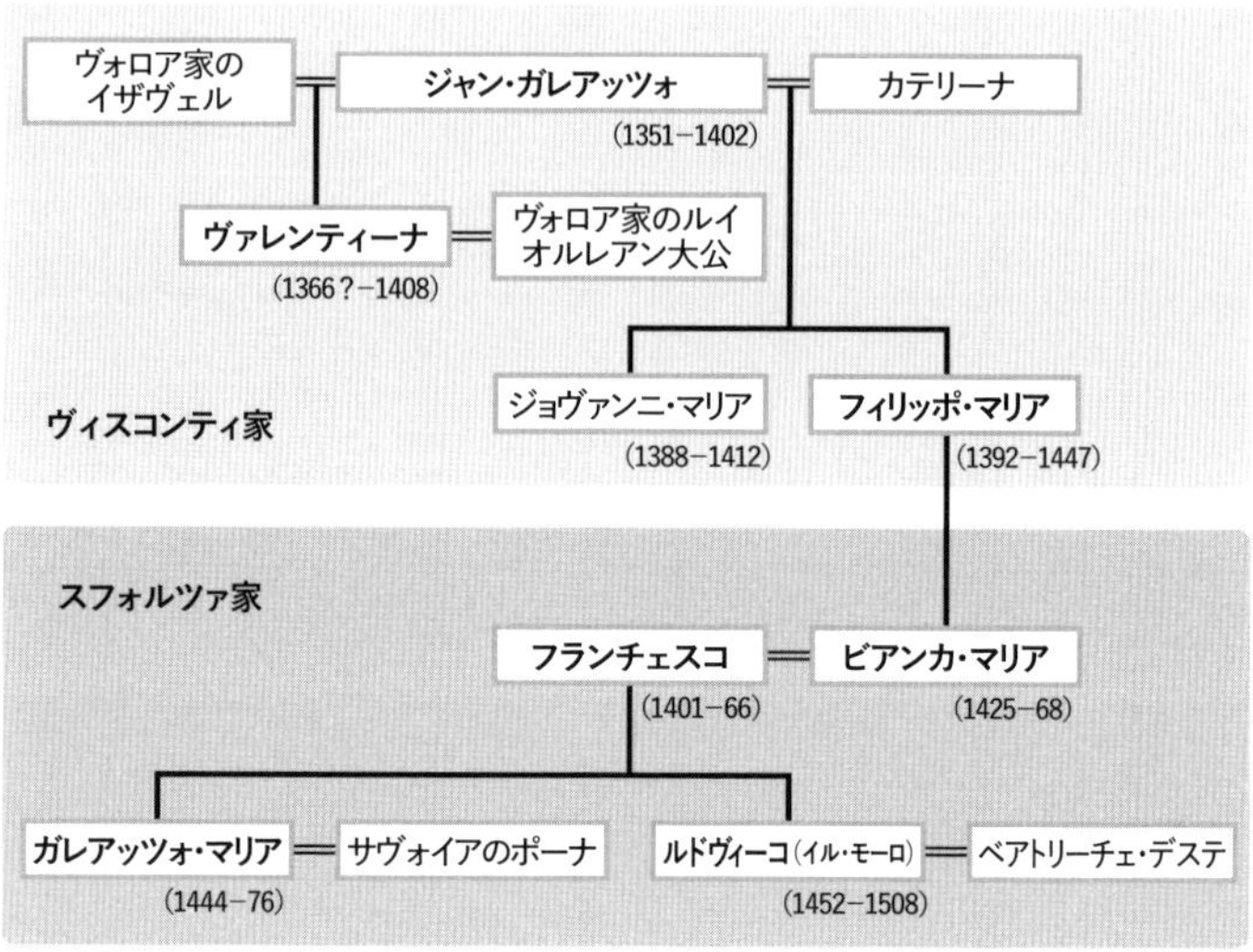

ミラノ公国の家系図

交易・東方交易で儲け、エジプトを集荷場としてアジアの香辛料輸入を独占した。人文主義者アルドゥス・マルティウス（アルド・マヌーツィオ。一四五〇？〜一五一五年）のアルドゥス版印刷所が繁栄し、多くの古典作品の印刷がでまわった。

絵画では、ジョルジョーネ（一四七六？〜一五一〇年）やティツィアーノを中心としたヴェネツィア派が隆盛した。二人の絵を実際にみればわかるが、色彩にあたたかみと豊かさが感得され、気持ちにゆとりをもたせてくれる。土地柄も反映しているのだろうか。

最後にフィレンツェはイタリア戦争のあと、実力者サヴォナローラの四年間（後半二年は神権政治）のもと、「虚栄の焼却」といった蛮行で、芸術品などが燃やされた。その後ルネサンス文化の中心はローマに移った。いわゆる「ルネサンス的教皇」の登位がつづく。

ユリウス二世（在位一五〇三〜一三年）に仕えたブラマンテ（一四四四？〜一五一四年）、ミケランジェロ、ラファエッロなどがおり、教皇在籍中にサン・ピエトロ大聖堂の改築工事が始まった。ミケランジェロによるシスティーナ礼拝堂のフレスコ画、ラファエッロの筆による教皇の間のフレスコ画の製作が始まって、ローマの街並みやサン・ピエトロ大聖堂も整備されてゆく（一五〇九年）。

＊本章執筆は、僭越ながら澤井繁男『ナポリの肖像――血と知の南イタリア』〈中公新書〉中央公論新社、二〇〇一年）に拠った。

〔参考文献〕

陣内秀信『南イタリアへ！――地中海都市と文化の旅』（講談社現代新書）講談社、一九九九年。

――『水都ヴェネツィア――その持続的発展の歴史』法政大学出版局、二〇一七年。

長尾重武『ローマ――イメージの中の「永遠の都」』（ちくま学芸文庫）筑摩書房、一九九七年。

カスティリオーネ（清水純一・岩倉具忠・天野恵訳註）『カスティリオーネ 宮廷人』東海大学出版会、一九八七年。

ジュウリオ・C・アルガン（堀池秀人・中村研一訳）『ルネサンス都市』井上書院、一九八三年。

17 視覚芸術

視覚芸術といっても絵画だけではない。美術という大きな枠組みで捉えれば、建築・彫刻・絵画となろうか。このなかで絵画の分野が最も注目を集めてきたのは、観光旅行で美術館ツアーが組まれていることからも察しがつく。本章では中核となる絵画を最後に回して、建築・彫刻の順で話を進めてゆきたい。

建築——。

一五世紀前半にフィレンツェでギリシア語が学べるようになったのは4章で物語った。それよりも先にプラトンの『国家』が未完ながら翻訳が成っていた。キリスト教人文主義の成立とともに、フィレンツェをはじめとしてミラノ、ヴェネツィア、とりわけフィレンツェ共和国書記官長レオナルド・ブルーニ（一三七〇〜一四四四年）は都市国家を「理想都市」として提示した。それは、大きくなくても良い。小規模ながらも、そこに都市という実体、建造物、都市空間、それに都市を囲む田園との環境関係の裡で、具現化され止揚される場だ、と。

ブルーニは『イタリア人民の歴史』（未完）のなかで、帝政という政治形態が都市・市民生活を圧迫し自律性を奪ったのを理由に、ローマ帝国を直截《ちょくせつ》に論難している。西ローマ帝国の末期には異民族の侵入で帝国は崩壊してゆくが、逆に都市は活気づき、成長の可能性を得た。さらに後年、ゲルマン民族としての神聖ローマ帝国とローマ教会それじたいが危殆に瀕し、新規に「自由」を獲得するに至った。自由な国家は諸制度や行政で現実化するばかりでなく、建造物という物理的な実体からも成立する（ガレン）。「建造すること」とは、ルネサンス文化現象が、際立った場である都市の繁栄そのものを特徴づけている。

年代順に具体的事例を挙げてみよう。

◆ブラマンテによる、ミラノ郊外の都市ヴィジェーヴァノの「中心広場」の整備（一四九二年、施主スフォルツァ家）

◆ビアジョ・ロセッティ（一四四七〜一五一六年）による、フェッラーラに「新市街」を増築（一四九二年、施主エステ家）

◆ブラマンテによる、ローマのヴァティカン宮殿とユリウス通りの整備（一五〇五年？から。施主ローマ教会・教皇、ブラマンテは晩年、ユリウス二世に仕えている）

◆アントニオ・ダ・サンガッロ（一四五五〜一五三三年）による、フィレンツェのサンティッシマ・

アヌンツィアータ広場の建設（一五一六年）

フィレンツェの大聖堂のドームの設計（一四二〇年）者フィリッポ・ブルネッレスキ（一三七七〜一四四六年）に『絵画論』を献じた、レオナルド・ダ・ヴィンチ以前の万能人と評価の高いレオン・バッティスタ・アルベルティ（一四〇四〜七二年）は、ブルネッレスキを称え、要約するとこう述べている。当代にあっても卓越した建築家リッピ（ブルネッレスキ）の価値がわからないのなら、古代のひとたちの間でも認められなかったに違いない、と。天才アルベルティはこの新たな建築家に完成された型をみていたのである。

次にレオナルド・ダ・ヴィンチに言及するまえに、卓抜な『建築論』（一四六五年、ピエロ・デ・メディチに献本）をものしたアントニオ・フィラレーテ（一四〇〇？〜六九年）を紹介しておこう。本書はスフォルツィンダ（ミラノのスフォルツァ家と関わる名称である）と名づけられた理想都市論である。彼の理想論には人間と建物との調和が、空想性に充ちてはいるが、きちんととれていた。

現実と未来を透視できたレオナルド曰く、都市は人間的で、かつ人間の尊厳を活かす原則をもつ、即ち、衛生や機能性や審美性のある正確な規準に沿って、合理的に整然と建造すべきである、と。修辞的にごまかしてはいけないのだ。

こういうわけで、もっと明示的にいえば、ある種の「万能な」芸術家、つまり人間もその一部である宇宙の創造者が、ルネサンスという文化現象を崇高に表現するのである。そしてこの種の芸術はその芸術じたいの裡に、学知や世界観、詩や道徳や政治といったあらゆるものを引き受けている。芸術家の諸活動は、ルネサンスという文化現象のひとつの顕われなのではなく、かえってルネサンスを統合する表現といえよう。レオナルドが絵を描くという客観性（科学）に、知の百科全書的全体の中心点を見出したのは偶然ではなかろう。

そのレオナルドの社会的功績といえばほかでもない、これまでの卑しい職人気質と代わって、客観知の発展や技術や機械製作と密接に結びついた芸術活動の流れに新たな威徳を示したこと。社会の最高位にみずからを置き、ブルネッレスキにも似た、技術者かつ兵器考案者である自身が職人階層の社会的条件を一変させたこと。作品の注文主であるパトロンとの関係そのものにも大きな足跡を残して、新たな威信を職人たちに授けたこと。以上の三点である。

フィレンツェに暮らす「職人」たちについて語るとき、時代時代の政治形態（共和制、君主制）の変遷や、同時代の詩人や雄弁家、哲学者や修道士の演説や著作をないがしろにしてはなるまい。サヴォナローラの存在を抜きにして後半生のサンドロ・ボッティチェッリ（一四四四／四五～一五一〇年。ボッティチェッリとは彼の体軀を表現した「小さな樽」というあだ名である）については語れない。ミケランジェロの描くある種の人物や、洪水や世界崩壊といったレオナルドの黙示録的スケッチにも、サヴォナローラの感化をみる思いがする。ボッティチェッリもパオロ・ウッチェッロ（一三九七～一四七五年）も、正確な遠近法で実に刺激的で感覚的な表現上での可能性を突き詰めている。

レオナルドは「学術探究」と「芸術表現」の双方がいまだ到達したことのない一致点に至った。人体解剖に関する手稿をレオナルドは遺してくれた。そのなかで大切なのは「頭蓋骨の切断、草木の構造、筋肉の組織なのである。つまり線や光と影にたいする独自の完成と知性で、それらを彼は命あるものに恒久的に変えてしまった」(バーナード・ベレンソン)。これらを魔術的域に達した、と換言できたとしても、無念なことにレオナルドが自然科学的に再考しすぎて、あいまいさを放棄してしまったことである。私は心臓の動きを「生命精気《スピリト・ヴィターレ》」の稼働によるとしながらも、真理に到達できなかったレオナルドに当時の知の限界をみているが……。

ところでフィレンツェ後のルネサンス文化の中心地はローマだった。この地で多くの建築が、歴代の教皇によって行なわれた。一五世紀では、サンタゴスティーノ聖堂の拡張(一四七九〜八三年)、ラテラノ宮殿とヴァティカン宮殿の再建もあった。

彫刻——。

やはりミケランジェロ・ブオナローティ(一四七五〜一五六四年)に着目せざるをえない。この逸材は若き日にロレンツォ豪華公の目に止まり、メディチ家の邸宅に引き取られた(一四九〇〜九一年?)。彼はここで、うんざりするほどの死体の解体を試みていたし、プラトン・アカデミーのひとびとと交流して新プラトン主義的な傾向を強める(マクロコスモスとミクロコスモスの照応や新プラトン主義の感化)。初期の作品『ケンタウロスの闘い』(一四九一年?)には、宇宙の秩序の反映としてのミクロコスモスである人物像が浮き出ている。それはさらに洗練さと崇高さを保った『ピエタ』(一四九八〜九九年。pietà の普通名詞の意味は「哀れみ」)に結実する。この静寂に包まれた「聖母子像」をみていると私は思い出す、高校生のときの修学旅行で出逢った京都は太秦《うずまさ》広隆寺の『弥勒半跏思惟像《みろくはんかしいぞう》』を。静謐で心が浄われるような、あの神性な趣。ドイツの実存主義哲学の筆頭であるカール・ヤスパース(一八八三〜一九六九年)の言葉が半跏思惟像の傍らにそえられていた——「……この地上におけるすべての時間的なるものの束縛を超えて達しえた、人間の存在の最も清浄な、最も円満な、最も永遠な姿の表徴だと思います。……」。両者に共通なのは「祈り」であろう。おのおのへの感銘の差異はひとそれぞれだと思うが、「静」という点では合致していると考える。

ミケランジェロ『ピエタ』

さらに『ピエタ』とは打って変わって、輝かしき青年『ダヴィデ』像(一五〇一〜〇四年。素材は一四六四年に切り出されたのち、無様に〈ジョルジョ・ヴァザーリ〉放置されていた大理石)、『モーセ』(一五一五〜一六年?)、『メディチ礼拝堂』の諸彫刻（一五二〇～三四年）、『プルタルコス』（一五三九～四〇年？）とつづく。いずれも作品の裡から「人間」が飛び出してくるような現実性《アクチュアリティー》を感じる。

絵画――。

イタリア・ルネサンスの三大画家といえば、レオナルド、早世したラファエッロ、長命だったミケランジェロであるが、「絵画の君主」と称えられたのは、ピエロ・デッラ・フランチェスカ（一四一六／二〇～九二年）だ。その端正で粛然とした荘重な画風が高く評価された。このひとの絵をみていると数学的要素を看取するのだが、いかがであろうか。

先ほど触れたボッティチェッリを三大画家のうちの一人に挙げるひとも多い。それは『春』と『ヴィーナスの誕生』があまりにも有名で、私の記憶ちがいでなければ、フィレンツェのウフィッツィ美術館で最初に出逢う絵のはずで、それほど大きなサイズでないのに驚く。異教の神々を二作とも扱っているが、『春』はルクレティウスの『物の本性について』のなかの一節に刺激を受けたものということはすでに明らかにされている（スティーヴン・グリーンブラット〈4章、参考文献〉）。この画家の場合、プラトン・アカデミー時代での新プラトン主義の影響下のこれら二作品から、先述のようにサヴォナローラの感下での、クリストフォロ・ランディーノ版ダンテ『神曲』の挿画（地獄篇）まで時代精神を反映した作品を描いた。後半生の画風を否定的に捉えるひともいるが、時代精神の生き写しととれば、これほど純粋で苦悩した画家はいないのではないか。

三大画家のなかで私は、ラファエッロ（一四八三〜一五二〇年）のなかにきわめて安定した画風と人柄をみる思いがする。傑作『アテネの学堂』の確固たる安定感と人生肯定と古代への行き届いた眼差し——一四〇〇年代の「哲学の平和」への夢が見受けられる。「ラファエッロの描く平和、その筆致、あふれる光は、和解と融和を礎とした最高の人文主義の世界が水晶のように澄明であることを示してくれる」（ガレン）。

三人を私なりに方形に喩えると、ラファエッロはきちんとした正方形。ミケランジェロは弾けすぎて、かたちをようやく保っている方形。レオナルドは計算しつくされた彼独自の方形。

ミケランジェロは八九歳まで生きた偉才だった。彼の作品は、サヴォナローラの著作を読むのを習慣としていた（A・コンディヴィ）ように、人生の悲劇的要素を掘り下げ、宗教的体験まで深めて、その果てに、錯綜錯乱、いつまでもつづく対立、不可解な人類の運命、自然の力との葛藤やせめぎ合い、罪、見神等々。その神との生死を賭けた闘いゆえに、『最後の審判』を描く原動力となったのではないか。

片やレオナルドは、ラファエッロの均衡と調和のとれた人文主義的作品でも、ミケランジェロの自然の猛威にさらされた狂わしさでもなく、どのような世界にあっても、探究と試行錯誤の研究心を止めなかった。レオナルドこそが、人間やその置かれた状況、人間の悲壮感や偉大さに関して、不変的意味を提示してくれた。
この双璧がおそらく、ルネサンス文化現象の至高を、言葉（レオナルドの手稿、ミケランジェロの詩作品）で表現したばかりでなく、他の知識人すべての著作品より優って、ルネサンス文化の意義と価値を明示しているに違いない。

まとめとして、ルネサンス文化を彩る色彩の濃淡は、肖像画、傭兵隊長の峻厳な彫像や記念碑にあまねく宿り、各建築物に映し出される。大切な決定事項は人間像の新規な規準である。古典やキリスト教の始原への回帰を介して、また特にこの世の人間の栄枯盛衰や現実に根差した意識から吸収する際に、その主題が明白になるのである。そしてその課題を再考して融和がなされる。分離もあろうが、両者から複雑な暗喩や象徴も産出する。そうした下地をプラトン・アカデミーやサヴォナローラの雄弁が培ったのである。

＊本章執筆は僭越ながら、エウジェニオ・ガレン（澤井繁男訳）『ルネサンス文化史——ある史的肖像』（〈平凡社ライブラリー〉平凡社、二〇一一年）に拠った。

［参考文献］
高階秀爾『ルネッサンスの光と闇——芸術と精神風土』上下（中公文庫）、中央公論新社、二〇一八年。

前川誠郎『ひとと自然へのめざめ』（岩波美術館 歴史観 第9室 ルネサンス）岩波書店、一九八一年。

エンツォ・グラッツィ（秋本典子訳）『サヴォナローラ――イタリア・ルネサンスの政治と宗教』中央公論社、一九八七年。

エレーナ・カプレッティ（森田義之監訳）『イタリア巨匠美術館』西村書店、二〇一一年。

コンディヴィ（高田博厚訳）『ミケランジェロの詩と手紙』岩崎美術社、一九八〇年。

バーナード・ベレンソン（島本 融訳）『美学と歴史』みすず書房、一九七五年。

ブルース・コール（越川倫明・吉澤京子・諸川春樹訳）『ルネサンスの芸術家工房』ぺりかん社、一九九四年。

レオン・バッティスタ・アルベルティ（池上俊一・徳橋曜訳）『家族論』講談社、二〇一〇年。

――（三輪福松訳）『絵画論』中央公論美術出版社、一九九六年。

ロベルト・ロンギ（池上公平・遠山公一訳）『ピエロ・デッラ・フランチェスカ』中央公論美術社、二〇〇八年。

18

文化史家たちの諸見解

——中世からルネサンスへ

文化史家とは歴史家の一員ゆえ、第一の仕事は時代区分であろう。この場合、ルネサンス文化をどう位置づけるか、である。通常は二種類だが、文学畑出自の私見では四つに分かれる。それを序文にあたる頁のあとに太文字で提示してゆくので、その順に熟読されたい。

はじめに、時代などを表わすイタリア語に邦訳を付してみよう。

「periodo 時代」、「secolo 世紀」、「epoca 期」、「età 年代」四語が念頭に浮かぶ。最初の「periodo」は、循環を意味するギリシア語に由来し、二〇世紀になって「periodizzione 時代区分」となった。時代区分に関しては4章のペトラルカの三大発見でも触れたが、ペトラルカの場合は「時代意識・認識」の意味合いが強かったものの、時代区分とそれほど差異があるわけではない。「区分」を設けることは人間が時間に意図的に働きかける行為で、中立ではない。「時代区分」が西洋の知や知的実践、および社会的応用に何をもたらすかを示せば、ルネサンスの文化史家たちの立ち位置も存在も明らかになるだろう。

文化史家というのは歴史の文化面を専門とする研究者を指すと思うが、そもそも歴史が学問として成立したのはいつか。歴史「教育」という段階が必要で、ここに歴史教育の誕生をみる。まず専門家たちによる原資料の継続的な編纂作業を経て、その次の段階が、「大学」で「歴史（学）講座」が創設されることだ。

イタリアの事例を挙げてみよう。ピサ大学で一六七三年に教会史講座が、パヴィア大学で一七七三年に歴史・弁論術講座が設けられたが、単独の歴史学講座ではない。最初の近代史講座は、一八四七年トリノ大学にてだった。歴史を発見したのは一四世紀のペトラルカだったが、それが「時代区分」として研究対象となったのは、右に述べたように、大学での講座（教育科目の一環）となった一八、一九世紀を待たなくてはならなかった。歴史学が近年の学問だということがわかる（ジャック・ル＝ゴフ）。

それでは一般的に認められている諸家の見解を説明してゆこう。但し、一般的に二つに分けるが、私の場合は前述の如く四つとしている。むろん、中世――ルネサンス――（近代ではなく）近世（初期近代《アーリー・モダン》）との関係に四つとも論点を置いている。中世文化とルネサンス文化の相違は、次頁の図で示す聖母子画で明白である。一〇世紀末のエチミアジンの福音書にある『聖母子』と、一六世紀

10世紀末の聖母子画

16世紀初頭の聖母子画

初頭のラファエッロ『大公の聖母』は、ともに安定感のある筆致だが、リアリティーの点に鑑みれば、ラファエッロに軍配を挙げざるをえない。前者は人形のようだが、後者のマリアもイエスも人間にみえる。中世とルネサンス文化の相違は絵画にあって、歴然とする。むろん散文でもそれは明示できる。

一二九〇年代末に編まれたイタリア語(トスカーナ方言)での初の説話集『イル・ノッヴェッリーノ(百種古譚)』とそれから約五〇余年後に完成したボッカッチョの『デカメロン』には同じ筋の説話が収録されているが、行数だけをとっても、『デカメロン』では二・五倍に膨らんでいる。固有名詞、具体的な官職名、形容詞の付加など、前者の素朴さを超えて、物語性が豊かになっている。時代の「進展」がみられる。

中世・ルネサンス断絶史観

このような観点に立つと、ルネサンス文化から近代が始まったように映り、ルネサンスを「近代世界の黎明」とする「中世・ルネサンス断絶説」が生まれて当然だろう。

この説を決定づけたのは、英国のジョン・アディングトン・シモンズ（一八四〇～九三年）著『イタリアのルネサンス』（全七巻、一八七五～八六年）である。シモンズはこの大著のなかの核心部で、「ルネサンスの歴史は……西欧の民族に顕著な人間精神が、自意識をもった自由を獲得する歴史である」として、ルネサンス文化が中世の文化に負うところはまったくないとしている。シモンズは、ルネサンス文化を崇拝するあまり、ルネサンス期を地獄や牢獄からの理性の解放であり、合理的で人間中心の時代であり、非合理・不条理な世界は放擲《ほうてき》された、と訴えた。中世暗黒説の立場を表明し、ルネサンスを一つの「静的」と捉えることで、歴史本来のもつ「動的《ダイナミック》」さに欠けてしまった。

さてシモンズより先に、二人の著名な文化史家がこれに似た説を唱えるが、よく読んでみれば、シモンズ説と似て非なるものであることがわかるだろう。

フランスの文化史家ジュール・ミシュレ（一七九八～一八七四年）が自著『フランス史』（全一七巻、一八三三～六七年）の第七巻に「ルネサンス」なる一章を設け、「世界の発見」「人間の発見」という有名な命題を付した。具体的に述べると、コロンブスの新大陸の発見（一四九二年）が大航海時代（地理上の発見）の先駆けとなり、一六世紀になると、マゼラン（一四八〇?～一五二一年）が世界一周の航海に出る。それによって地球が丸いことがわかる（一五二二年）と、次は天上界に目が行って、コペルニクスの『天球回転論』（一五四三年）を機に地動説（太陽中心説）が登場して、太陽系が秩序立てて論及される。そして筒眼鏡（望遠鏡）を自作し用いたガリレイによる宇宙の種々な発見へと道が拓かれた（『星界の報告』一六一〇年）。

ミシュレの思いは、一世紀まえのフランス革命（一七八九年）の、「自由・平等・博愛」（但し、これはフランス人に限っての権利である）を尊重した。彼にとってのルネサンスとは、そうした精神を鑑《かがみ》とした、理性と真理と芸術美に素地を求める文化現象であって、シモンズと同じく、中世と訣別する近代世界の誕生を意味した。そして彼はその範を一六世紀のフランスに求めた。愛国者だった彼にとって、専制政治が解かれた自由で民主的な精神と人間の尊重を第一義とする近代世界が産声《うぶごえ》をあげたのだった。

スイス人ヤーコプ・ブルクハルト（一八一八〜九七年）は、このミシュレの著名な二つの「発見」という「忘れがたい銘句を敷衍《ふえん》して偉大な書物に仕立てた」（ウォーレス・K・ファーガソン）。そしてルネサンス研究者にとっての必読書である『イタリア・ルネサンスの文化』（一八六〇年）を世に問うた。だがここで後世まで尾を引くことになる誤解が生まれる。ブルクハルトが「人間の発見」を強調するあまり、ルネサンス期が一種の黄金時代と見間違われ、シモンズやミシュレのように、そのまえの中世が暗黒時代へと貶《おとし》められてしまった。ブルクハルトは一五、一六世紀のイタリア・ルネサンスを、欧州文化史のうえでの重大な転換期《ターニングポイント》とみた。文化だけが中世の聖的思考から切り離され地上的な、地に足をつけた世界へと移行したのである。ルネサンスの原義は「再生」である。もっと強くいえば、「(ゲルマン民族からの)ラテン民族の復興」でもあった(ガレン)。これは古代ローマ時代を担った地中海地域の文化(ヘレニズムの異教の文化)の始原からの再興でもあった。ブルクハルトはルネサンス文化現象を、キリスト教文化(ヘブライズム)と対峙する「異教」の文化と解釈している。

しかしながら当該書を隅々まで読むと把握できるのだが、ルネサンス文化への著者の記述が光り輝く面ばかりを取り挙げていないことが判明する。非道で身勝手な君子や傭兵隊長の言動、暗殺、極悪な陰謀、感情露わな犯罪ももらさず記している。この点が読み棄てられたがために、本書が中世断絶・ルネサンス近代説の書と、長いあいだ勘違いされてきた。いまこそその呪縛を解き放つ時である。だが前記の悪徳は自由な社会実現には不可欠な要素で、人生に喩えると思春期につきものの苦悩に相当する。ブルクハルトはこうした悪徳・欺瞞を無視せずに、その時代に活躍した才人たちをも称賛した。

ブルクハルトはミシュレと異なって、翻訳家第二世代が活躍した一五世紀後半のイタリアに、人間性の尊重をみた。人格形成での人間性の涵養《かんよう》という点で近代的精神の「個」が生まれたとみ、ここに古典古代の復活と、「新世界」の発見、泥沼化した宗教への不安を見出した。そして中世には個がなかったことと比較して、個性の覚醒へと筆を進めていった。こうして一五、一六世紀のイタリアが「ルネサンス」——近代西欧・南欧の長子だと定義した。ブルクハルト自身が教養豊かな貴族的人物、そしてプロテスタントであり、スイスが共和国だったせいもあって、往時のイタリアに同等のものを見出していたのだろう。だがこの箇所が誇張され、悪徳・陰謀・暗殺事件への言及が忘れられて、ブルクハルト＝ルネサンス・近代史観（中世断絶史観）者という誤解を生んだ、とはすでに述べた。

中世・ルネサンス連続史観

二〇世紀になって前述の史観に対抗するかたちで、ルネサンスを中世の最終段階とみなす、主に中世史家たちの見解が広まった。中世が教会や宗教に束縛された時代だったという認識が消え去った。アメリカの歴史家チャールズ・ホーマー・ハスキンズ（一八七〇〜一九三七年）が『一二世紀ルネサンス』（一九二七年）を著わし、一二世紀に古典が文学として享受され、人生行路に有意な影響をもたらした事例として、ソールズベリーのジョン（一一八〇年没）を挙げた。ジョンは古代ローマのキケロ的伝統を、聖書やラテン散文に関する豊富な知識と調和させ、「均斉のとれたキリスト教人文主義」を創出した。またハスキンズは享楽的な詩人オウィディウス（前四三〜後一七年）の大衆性に着目し、一二世紀を偉大な時代、宗教詩のなかでの絶頂期とみなした。ここに中世・ルネサンス

（一五、一六世紀）にはほぼ断絶がないとし、「中世・ルネサンス連続（史観）」を提示した。目下、この説が高等学校の歴史教育で採用されている。

過渡期史観

これは「過渡期でない歴史はない」という時間の経過・永遠の法則に則った言葉に依拠している。具体的にいえば、「ルネサンスという時代も、成熟した中世文化から近代世界へと移ろって行く時期としての特徴を持っている」（ファーガソン）。つまり過渡期だ、ということだ。この所見に賛同者は多く、昨今の歴史学では、ルネサンス期（これまでルネサンス文化現象と記してきたように）は時代として存在せず中世末期とされ、そのうちの一七世紀前葉を「近世（初期近代）」と呼ぶほどだ。この説を表わすとすれば、長い中世がつづき、尻上がりに文化が新鮮味を帯び、かつ豊潤になり、そこをルネサンス文化現象の末期とし、近世と重なるように表現されよう。

両義（複数主義）的史観

ルネサンス文化現象の起こったとされる一四世紀前半から一七世紀前葉までを、中世の文化と近代の文化が共有・共存した時期と見立てる史観である。これは幾度か言及してきたジェローラモ・カルダーノという個人にもみられる。彼は数学者で、尿と梅毒の研究者として知られた、いわば科学的知見に秀でた逸材だったが、12章でも触れたように、守護霊、天啓、夢判断などの超自然的な事象にも信を置く。近代的要素と中世的要素が、カルダーノという一個人の裡で、何らの疑問もなく共存・共有していた。このひとをミクロコスモスとすれば、マクロコスモスである社会的文化もそうだといえる。時間の経過を重視する過渡期史観と比較すれば、こちらは異種の文化の共存のほうに重きを置く説だ。『カルダーノ自伝』の翻訳者の一人としてこの史観を提唱・支持したい。

ホイジンガ著『中世の秋』——アルプス以北のルネサンス

オランダの文化史家ヨハン・ホイジンガ（一八七二〜一九四五年）は、ナチス台頭期の歴史家である。彼は一四、一五世紀のフランドル地方（ベルギー王国の北東部）やブルゴーニュ公国（パリの東南部、リヨンの北部に位置する山の多い地方）に視線を向け、中世文化を見事にスケッチした。この場合の「秋」とは「実り」と「衰退」の両方の意味をもつと思える。ブルクハルトの想定したルネサンスより一世紀早い（一五世紀だけが重なる）。

ブルクハルトと比較検討してみよう。彼はイタリア人が「個人」を発見し、国民意識を高め、古代への眼差しを深めた点で、アルプス以北の諸国と対比し、南方の優位を語った。

片やホイジンガは主著『中世の秋』（一九一九年）でルネサンス文化の多元性を基本としており、あえていえばブルクハルトの著書を補完する立場で、中世末期の北フランス、フランドル地方、ブルゴーニュ地方の文化――当時のひとたちの生活や精神のあり方の栄枯盛衰――を練達した素描家さながらに描いた。

最後にもう一度、「ルネサンス」イタリア語で、「リナシメント rinascimento」の語頭の「リ ri（再＝古代の黄金期への回帰、過去との類似関係の示唆）」と、「新規なもの（生）、ナシメント nascimento」との結合語を考えてみたい。これは「循環の時間」の域を出ない。即ち、7章の末尾でも述べた、一年を周期とする円環の時間を指し、長期的な時間設定には至らず、歴史事象にいかなる客観的理論も生み出しえない。循環とはべつの時間概念、つまり円形の時計による時間で理論化されなくては、「時間の概念」は歴史とならない。かくて歴史の不連続性は破棄され連続性のほうに利便性があるだろう。

しかしながら私のように、身を以て（『カルダーノ自伝』の翻訳で）「両義性」を感得した者がいる限り、連続・不連続の問題の解決などほど遠いと予想する。

＊本章執筆は、僭越ながら澤井繁男『ルネサンス再入門――複数形の文化』（〈平凡社新書〉平凡社、二〇一七年）に拠った。

［参考文献］

伊東俊太郎『十二世紀ルネサンス――西欧世界へのアラビア文明の影響』（岩波セミナーブックス）岩波書店、一九九三年。

ウォーレス・K・ファーガソン（本邦未訳）『歴史的思惟におけるルネサンス』一九四八年。

――（澤井繁男訳）「近代国家に向けて」『ルネサンス――六つの論考』所収、国文社、二〇一三年。

エウジェニオ・ガレン（澤井繁男訳）『ルネサンス文化史――ある史的肖像』（平凡社ライブラリー）平凡社、二〇一一年。

ジャック・ル＝ゴフ（菅沼　潤訳）『時代区分は本当に必要か？――連続性と不連続性を再考する』藤原書店、二〇一六年。

D・ヘイほか（清水純一ほか訳）『ルネサンスと人文主義』平凡社、一九八七年。

チャールズ・ホーマー・ハスキンズ（別宮貞徳・朝倉文市訳）『十二世紀のルネサンス――ヨーロッパの目覚め』（講談社学術文庫）講談社、二〇一七年。

ホイジンガ（堀越孝一訳）『中世の秋１・２』（中公クラシックス）中央公論新社、二〇〇一年。

ヤーコプ・ブルクハルト（新井靖一訳）『イタリア・ルネサンスの文化』筑摩書房、二〇〇七年（再刊は、ちくま学芸文庫、二〇一九年）。

リュシアン・フェーヴル（石川美子訳）『ミシュレとルネサンス――「歴史」の創始者についての講義録』藤原書店、一九九六年。

19 ルネサンスと教育――全人教育

教育問題は古今東西、老若男女を問わず重要な課題で、本章ではルネサンス文化でのそれをあげつらう。人文主義が根本にあって、その解釈が時代とともに変遷してゆくにつれ、教育もこと人間に関わることなので、変移を繰り返してゆく。

見取り図を示そう。

一四世紀前半の市民的人文主義では国家・社会に役に立つ人材の育成、それとともに人間全般(全的人間性尊重)の教育が伴走した。その後宮廷文化の興隆にともなって、宮廷人・君主の教育へと移行する。そして一六世紀になると博識であることが教養と勘違いされ、その衒学《げんがく》を批判する該博な人物がフランスに現われて、人文主義を救うことになる。

一四世紀――。

4章でのコルッチョ・サルターティの主な仕事はミラノ公国にたいする戦争に勝利することだっ

た。それを教育に目を向けて勘案すると、統治能力のある指導者を養成することに等しい。アリストテレスやキケロも、「人間は政治的存在だ」と明言した。つまり人間とは、自分のためでなく祖国や社会、共同体、そして「国家」のために生まれ成長してゆく存在なのである。となると、学校はこの種の課題を果たすのが第一の段階としてあり、古典を熟読する意味が深まる。第二に古典という優れた手本とともに充実した道徳心を培い、そこから得る規範となる社会を構築し、社会性を身に着けるべきことになる。

アルベルティは『家族論』(17章、参考文献)の対話の冒頭で、国家構造の基本的核心部として位置する「家族」の役割を重視している。彼の考えは、人間の全体性を保持しつつ——つまり自然学者《シエンツィアーティ》、職人、工匠、万能人と同様に、市民になりうる可能性を棄てないように自己形成されなくてはならない、とした。即ち、あらゆるものになりうるのみならずすべてでもあるように、ということである。人文主義教育は人間の全体をみつめ育成する方向に向かってゆくのが理想だったが、早晩、再分化が起こってしまう。

一五世紀——。

ルネサンス文化での新たな教育といえば、精神と肉体の調和、それに人間の発見がまず挙げられる。

即ち、従来の「知育＋徳育」に「体育」が加わって、精神と肉体の調和が目標とされた。この場合の体育とは、乗馬、遠足、水泳、狩猟、その他肉体を鍛えるもの、である。

イタリアでは一五世紀前半に、二人の著名な教育者を輩出した。

領主エステ家の子弟レオネッロの家庭教師の役を果たしたグアリーノ・ダ・ヴェローナ（一三七四～一四六〇年）がそのひとり。彼はコンスタンティノープルまで出向いて、4章で触れたかのギリシア語学者マヌエル・クリュソロラスの許でギリシア語を修め、五〇冊以上のギリシア語の写本を、当時の知の中心地フィレンツェに持ち帰り、ヴェネツィア、ヴェローナでギリシア語を教えた。最終的にフェッラーラのエステ家に落ち着き（一四二九年）。そこでレオネッロの家庭教師をする。一方で、私塾「グアリーノの学校」を開塾している。フェッラーラを人文主義の中核都市とし、みずからの学校にイングランド人、ドイツ人、ポーランド人、ハンガリー人を呼び寄せている。次に掲げるヴィットリーノ・ダ・フェルトレをはじめとして多くの一五世紀の学者にギリシア語を教授した。

グアリーノをギリシア語の師と仰いだヴィットリーノ・ダ・フェルトレ（一三七八～一四四六年）はマントヴァのゴンザーガ家に仕え（一四二三年）、「喜びの家 Casa giocoza」という私塾を設け、貧富の差なく教育に専心し、人間すべてが家族という見地に至る。フェルトレの教育はキリスト教精神を基盤に、ラテン語、ギリシア語の文法の教示で、古代の理想である「雄弁で高潔な市民」の育成を生徒に説いた。プラトンとアリストテレスの授業もあった。彼はプルタルコスの『英雄伝（対比列伝）』をラテン語に翻訳し、一種の教育倫理の典型を示した。グアリーノの思想は一五世紀初期の市民的人文主義に通じるものがある。

二人の教育は「全人教育」と呼ばれ、専門教育より人間の全体性、全なる人間の人格形成、つまり人間として釣合いのとれた人物の養成を第一義とした。具体的にはラテン語とギリシア語の修得を目指し、「人間としての教養 hominibus humanitas」、換言すると、「フマニタス humanitas ＝人間性の研究」であった。大学が医者、法学者、神学者といった専門家を養成する機関であったのに反し、「人文主義の学校《ジンナジオ》」は、全生徒のなかに右記の人間性を喚起させるのを主眼としていた。「人間性の研究」とは、人文学（古典的人間教養の研究・ウマネジモ umanesimo）と同意である。これは古典古代の文化を単に模倣するだけではなく、積極的に取り入れて自己のなかで血肉化することで、一五世紀半ばまでの主流な文化的思潮であった。

一五世紀の文化的刷新は、自由学芸を支持すべく新規に誕生した「書記局」「宮廷」「学校」の三つである。芸術家の工房は学校と関わりが深い。イタリア都市での新しい文化は（共和国の）書記局、（王国、公国、侯国などの）宮廷生活と緊密につながっていた。

この二つは一定の市民層への覇権を強化するために結びついた政治的な一類型である。きわめて国家主義的な色彩の強いみずからの血統というテーマと関わりながら、草創期の人文主義者は、古典的理想に自覚的になることで、早晩都市国家の将来の指導者となってゆく。出自の貧富の差は問われずに、人文主義から統治に適切な手段や方法を、彼らは会得して、書記局や宮廷の官僚として働くことになる。

ここで明らかな点は、ルネサンス文化現象（人文主義）の土壌が、中世来の既成の大学からでなく、学識者の自由な集いのなかに、研究の必要性に応えうる在野の学問所――「学士院《アカデミー》」（フィレンツェの「プラトン・アカデミー」、コゼンツァの「コゼンツァ・アカデミー」、ナポリの「ナポリ・アカデミー」など）から生まれ、さまざまな機能と特徴を備えつつ隆盛をきわめた。そして前述の三つ（書記局、宮廷、学校）が活躍の場となったことである。

フィレンツェの人文主義は、ギリシア語の新講座とともに大学に入っていくことになる。大学で人文主義が優位を誇るのはギリシア語・ギリシア文学を仲介とした。しかし大学で人文主義が活発化しなかったのは、人文主義がついぞ大学にみずからの居場所を見出しえなかったからだった。

新規の学校は、大学ほど高度で専門化や技術化は無理だったにしても、多方面に及んで人間形成の糧となった。一般市民や貴紳たちを軸として人間的素養が広範に認可されるにつれ、それを教育・伝授する学校はますます質を向上させていった。文法・修辞学・弁証論、加えて道徳哲学の講義である。古典古代の著述家たちの主要な文献が研究され、文学のみならず自然学に関わる文献にも触れる機会が得られた。こうなると学校が特別に重要性を帯びた。つまり人文主義の文献の読解を端緒として、あらゆる知について想像を絶する変革が起こった。アルキメデスなどの古代の科学の文献に触れられるようになって、科学の改新が始まった。文学研究の落とし子として科学の文献にも光が当たったのである。オーストリアの数学者ゲオルグ・ボイアーバハ（一四二三～六九年）や天文学者レギオモンタヌス（一四三六～七六年）は、数学や天文学でなく、文学を教えた。

こうした観点に立てば、科学革命は客観知が中世的知とのせめぎあいから分離していく最中、わけても古代ギリシアの文献を人文主義者的姿勢で読み解くうちに、神学や諸権威といった笠を取り去って、自然観察や実証的実験、それとギリシア科学が生み出した法則へとそれなりに目を向けた所産だったとも考えられる（マリー・ボアズ）。

一四世紀のアルベルティでは全的存在が人間としてのあり方の理想だったが、一五世紀のバルダッサーレ・カスティリオーネにとっては「宮廷人」、つまり粗相のない、狭隘《きょうあい》な人物を育成するほうに傾いてしまう。全的な万能人から、審美的優雅さや洗練という方向に特化されてしまうことになった。『宮廷人』（一四一三～一八年執筆、一五二八年刊）では、民主的フィレンツェの市民でなくて、君主役が宮廷人であったり君主であったりするので、この本は一方で政治学の入門書ともいえた。君主道も一種の学知や技量を必要としているからには、洗練された人間、秘書官、相聞の書簡の書き手を育てる点では変わらなかった。

二つの言葉に変化が生まれる。

かつて「徳性」とは徳行であり力量であったが、『宮廷人』以後、貴紳の優雅さや節度・洗練が人間の徳性へと変異する。

これまでの「教養《レッテレ》」から実質的要素が消えて道義となり、一方で貴族たちを教育するため教師が身に着けるべき「専門知」となり、また他方では人間形成の手立てであるよりも品行に添える「装飾」になった。ジョヴァンニ・デッラ・カーサ（一五〇三～五六年）の『修身読本《ガラテオ》』でも外見の品位、挙措の良さなどの形式に心を配っていて、実質的な徳よりも、それに似せた見せかけのものに重きを置いている。

一六世紀——。

模倣が繰り返され、博識であることが教養人とみなされ、古典研究が衒学へと陥り、人文学《フマニタス》の理念が「偽りの正装」へと逃げ込んでゆく。おそらくモンテーニュ（一五三三～九二年）ほど、この人文主義の危機的状況を鋭意に察知した逸材はいなかったと考える。彼は過去の偉大なひとたちとの対話を暗記としてしまった「衒学主義」を摘出し、おまけにそれら理想的賢人を取るに足らぬ「衒学者《マジステール》」と軽蔑する危険をあえて冒して、イタリア人が主導したあらゆる独創性を、このフランスの天才が除去してしまったのである。これを以てモンテーニュのなかで、世界や事物や生きている人間と直接の関係を結ぶという動機が回復された。

モンテーニュがいうには、古典語を熟知していても、修得に要する時間と努力にはきわめて労力を必要とするが、これが自国語や近隣の俗語だと知り話す機会も増え、楽で有意義である。こうした発言をするモンテーニュ自身、古典的人間教養の涵養それじたいの役割が空しくなりかねない絶壁にたたずんでいた。この場合の古典的教養形成とは、古代人を当代人に置き換えるのでなく、古代人と比べることで当代のひとたちに自覚を促すことを意味している。

人文主義教育は、スコラ的秩序のなかで勝利を収めていた数世紀間は継続していたので、国家で指導的立場の人物が人文主義的教養を、早い時期から担う必要に迫られた。結句、古代人の知恵とともに職人の技術といった世俗的力も活用できる、新規な学知が「学士院」に根づいた。また転変する歴史に対処でき、人間と社会に生きる人間の行動との関わりを見抜ける能力を貴紳は身に着けるべきだという課題も人文主義に芽吹くことになった。

この二つは一定の市民層への覇権を強化するために結びついた政治的な一類型である。もうひとつ斬新な教育の場、「学寮」がこの時代に成立する。「共同寄宿学校《コントゥベルニウム》」である。14章で触れたロッテルダムのエラスムスは、デーフェンテル（オランダ東部の町）の地にある「共同生活兄弟団」に学んでいる。16章で言及したロレンツォ・ヴァッラの『ラテン語の優雅さについて』などはオランダの神秘主義者の著作に比べてはるかに深遠で、一四九二年に司祭に叙任されたエラスムスの心底に訴えかけたことだろう。彼は神学から客観知にわたるすべての分野に、新たな文化の芽が着実に育まれていくのを見て取っている。北方人文主義の王であるエラスムス的人文主義とルネサンス人文主義一般を比較するのは、主著『痴愚神礼賛』、平和提唱、聖書の原典批判に鑑みれば、理解しやすい。エラスムスにとって「聖書」は人間生活に不可欠な諸問題に関する批判精神を持した実体を意味した。一五一六年、彼は念願の『校訂ギリシア語新約聖書』の出版にこぎつけた。彼は普遍的兄弟愛に基づいて、高潔な天職に向かわせる真実のキリスト教を希求し、人文主義的嗜好に従って「書簡」という糸で結ばれた研究者たちの「交流の場」を樹立しようとした。

一五世紀では、まだ充実していない学校と研究機関や、旧態依然とした学問分類と、知の百科全書的変革と再建を目的とする論争に結びついた研究との間に反発が散見される。一六、一七世紀では、ルネサンスがようやく西欧諸国に拡張し、諸施設が整備され、そこから新たなものが生まれ、旧なるものを刷新する努力がみられた。その一方で、しだいに時代とずれ始めた種類の人間、市民、知識人たちの活動も盛んだった。

一六世紀から一八世紀にかけて欧州に創設された人文主義的学校は、グアリーノやフェルトレといった新たな人文主義的教師たちの実践的活動と一致した。人文主儀的学校は改革の途中の都市国家の要請や理想に対応する企図をもち、それらの要望や理念を明白にしていった。

＊本章執筆は、僭越ながらエウジェニオ・ガレン（澤井繁男訳）『ルネサンス文化史――ある史的肖像』（〈平凡社ライブラリー〉平凡社、二〇一一年）に拠った。

［参考文献］

エウジェニオ・ガレン（近藤恒一訳）『ルネサンスの教育――人間と学芸の革新』知泉書館、二〇〇二年。

エラスムス（沓掛良彦訳）『痴愚神礼讃　ラテン語原典訳』（中公文庫）中央公論新社、二〇一四年。

デジデリウス・エラスムス（山内宣訳）『評論「自由意志」』（『自由意志論』の邦訳）聖文舎、一九七七年。

J・ホイジンガ（宮崎信彦訳）『エラスムス――宗教改革の時代』（ちくま学芸文庫）筑摩書房、二〇〇一年。

マリー・ボアズ・ホール（本邦未訳）『科学的ルネサンス――一四五〇～一六三〇』一九六〇年。

モンテーニュ（原二郎訳）『エセー』全六巻、（ワイド版岩波文庫）岩波書店、一九九一年。

20 科学革命——カンパネッラとガリレイ

本章では新たな時代への礎を築いたガリレオ・ガリレイと、彼についてゆけなかった旧世代の残滓を引きずったトンマーゾ・カンパネッラを、比較検討しながら時代の転換期の意義を考察したい。

まず時代の先端を拓いた「科学革命」が、15章の「魔女狩り」で述べたように、一五五〇年から一六四〇年まで、明暗ともに起こったことを思い出してほしい。およそ百年間で時代は大きく変化した。おそらくそれはこれまでのような、地を這うがごとくゆっくりしたものでなく、目を見張るほどに斬新で鋭角的な変貌だったに違いない。時代の裂け目はそれほどに深みがあった。

ニッコロ・マキァヴェッリがイタリア半島の統一を『君主論』の末尾で、ペトラルカの詩編を引用することで謳い、さらに「政教分離」という時代を画する提言をしたのにも似て、ガリレイは望遠鏡という器具を用いてマクロコスモスである星界（天上界）に、地球と同じ様相をみ、星界の世俗化に成功した。神の御座所を奪ってしまったのである。

トンマーゾ・カンパネッラ

「自然という書物は……数学の言葉で書かれている」（偽金鑑定官）というガリレイの文言に象徴される、数学的自然観のように、自然を方程式の数値にあてはめれば、解答がでてくる数字＝量とみなして、12章で論及した自然の裡に霊魂をみようとした自然魔術師たちと一線を画した。双方ともに自然をあるがままにみつめる、という点では一致していたものの……。

科学革命については前章で、人文主義者の古典に臨む実証的な姿勢から導かれた、という見解を私は述べている。それにも一理あるが、一般的には——。

一六、一七世紀のキリスト教下の西欧・南欧文明のなかでしか起こらなかった、人類史上画期的な出来事、という定義である。

要約すると、創世記第一章二六節（人間は自然界を支配・管理してもよい〈大意〉）＋数学的自然観＋

技術力——となろう。これで自然界が、自然魔術師たちの考えに沿った、人間と調和した生き物でなく、則物的なモノとなり、管理・支配が可能となって、挙句の果てには環境破壊まで起こすに至る。

英語で表現すると、二つの単語に分かれる。

Scientific Revolution　と　scientific revolutions

一目瞭然、大文字で単数形　と　小文字で複数形　の二種類に、である。

本来の科学革命は前者で、後者はアメリカの科学史家トマス・クーン（一九二二〜九六年）が提唱した、端的にいえば、一定の価値観から別途の価値観《パラダイム》へ転換《シフト》（移行）したことを示す用語である。

前者では「ルネサンスの三大発明」といわれている、火薬・羅針盤・活版印刷術を挙げられるが、これらよりも刮目《かつもく》に値するのは、12章で述べた、コペルニクスの『天球回転論』（一五四三年。同年にヴェサリウスの『人体構造論』、同じくタルターリャのアルキメデス著作集のイタリア語訳の刊行があり、四五年にはカルダーノが三次方程式の解法を公表した『大技法』の出版とつづいた）。

『天球回転論』の意義は地動説の提示はむろんだが、太陽系の秩序を整えたことが最大の評価事項である。その他は天球の存在を認めたり、太陽静止説を唱えたりしており、すべてがすべて新しいとは言い難い。それに引き換えガリレイの『星界の報告』(一六一〇年)は、知覚に基づいた実証的観察の見事な成果だった。

さて後者の、小文字で複数形の科学革命は、史上何度も起きている。そのたびごとに宗教(キリスト教)から学問が離れ自律していっている。情報革命、科学情報革命、AIによる未来志向型情報革命……。

ガリレイの英邁さは、学問(科学)と信仰(宗教)を分離した点にある。彼は敬虔なキリスト教信者だったが、神を顕彰し信仰の対象とし、よもや神の何たるかを検証しなかった。それに反して、友人だったカンパネッラはガリレイの知的傾向を踏襲せんとしたが、ついに神への憧憬と検証を止めることができず、それを反映した、彼なりの発想を基盤とした「地動説」を唱え、ガリレイにソッポを向かれた。

カンパネッラとガリレイの出逢いは一五九二年北イタリアのパドヴァでだった。ナポリから生まれ故郷のカラブリアへの帰還を、その異端的言動のせいで当局から命じられたカンパネッラだったが、命令に反して半島を北上し、フィレンツェでトスカーナ大公に謁見し、大学講師のクチの斡旋を依頼するが、うさん臭い印象を大公に与えたがため、ガリレイを紹介され、北イタリアに向かった。彼は理医科系のパドヴァ大学の醸す新鮮な知的雰囲気に染まって酔い、スペイン人になりすまして医学部の講義を受講し、白内障の手術の助手まで務めている。カンパネッラが私淑していたべルナルディーノ・テレジオ（一五〇九〜八八年）の哲学は、この世界を論理で考察するのではなく、あくまで感覚を重視して勘案するとし、「熱」と「冷」の二つの特質のせめぎあいにこそ、世界を把握するうえでの原理があるとした。双方とも知覚可能なもので、それゆえカンパネッラも容易にガリレイの知覚尊重の思想を理解できた。

しかしここに大きな落とし穴があって、ガリレイの思考の実相までカンパネッラは掌握し切れなかった。その不幸が、『星界の報告』公刊後のガリレイを襲った異端審問時に起こってしまい、カンパネッラが旧時代の人間、転換期を生きた人間の不運という馬脚を顕わすことになる。カンパネッラ自身、本来天動説支持者だったが、友人ガリレイの地動説を無理やり理解しようと、その論拠を聖書や教父などの言葉に求めた『ガリレオの弁明（擁護）』（一六一六年）を執筆した。根拠を天体観測に求めればまだしも、カンパネッラはそのとき、スペインの苛政から民衆を救おうと、預言者ぶって起こしたカラブリア蜂起（実際は変革《ムタツィオーネ》）が発覚して、ナポリの牢獄に捕らわれの身だった（一五九九〜一六二八年）。当該書は獄中からの無謀な発信だった。

当初天動説の彼は、宇宙の中心に暗くて湿気を帯びた寒くて不動の、「冷」である地球があって、地球の周りに明るくて乾いた、灼熱の不動の「熱」である太陽の軌道がある、という宇宙観を抱いていた。これにコペルニクスの『天球回転論』、さらに交流のあるガリレイの大好評の著『星界の報告』が加わって二重の衝撃を受けた。

カンパネッラはガリレイの説に迎合した。形式上、宇宙の中心に太陽（熱）を設け、その周りに地球（冷）を置いた。そして太陽に、生命を維持できる熱と周りの惑星を動かす原動力を賦与した。太陽の自転もこういう要領で把握した。太陽の自転に関しては、精神の師であるテレジオの『その事物の固有の本性について』の第二巻一九章にすでにそう記されていた。

彼はコペルニクスやガリレイの教説を形而上学の水準で掌握しようとした。地球の自転や公転の原動力を形而上学に求め、その動力の根源を「世界霊魂《アニマ・デル・モンド》」とした。処女出版作『感覚で確証された哲学』のなかに次の一節がある――「世界霊魂は天において結合するのでなく、天に生命を与えるのである。というのは……神は宇宙の形相ではなく、その霊的能力と所与の熱を万物の霊魂に与えることによって、万物を創造し実現するからである」と。世界霊魂は太陽の熱によって生成される。地球の自転を自発的とは考えず、太陽の熱で生まれた世界霊魂という力を作動因として動くと彼はみなしている。

結局カンパネッラはガリレイ的な知を納得できずに、自分なりに（自己の思考の土俵で）「曲解」してガリレイの説を了解した。カンパネッラの本体はあくまで、霊的・預言的・象徴的なものに充ち充ちていた。

さてカンパネッラの名をいまに留めているユートピア作品『太陽の都』と、ユートピアに関して話をし、本書の結びとしたい（1章の末尾でその「神殿」の一部の引用はしている）。

アウグスティヌスに始まるキリスト教の正統な解釈では、ユダヤ教のいう救世主はキリストであって、すでに千年王国（至福千年ともいう。世の終わりがくるのに先立ってキリストが再臨し、一千年間にわたって世を統治する、という説）はキリストの来臨とともに開始されていると解釈する。そのため未来に至福の千年王国を待望する思想は正統的なキリスト教には採用されず、フィオーレのヨアキム（一一三五～一二〇二年）以降、反教皇主義的運動の支えとなって、反権威の分派運動と結託することとなり、農民戦争の指導理念となる。

ルネサンス文化では、楽天主義と世俗主義が合わさったユートピア文学が生まれることになるものの、ユートピアが実現不可能とわかっていながらも、夢みている（都市）空間である。他方、理想都市とは実現する可能性が少しでもある都市を指す（17章参照。レオナルド・ダ・ヴィンチの理想都市）。

「ユートピア」の名の由来となった、トマス・モア（一四七八?～一五三五年）の『ユートピア』（ラテン語原典は一五一六年。英訳は一五五一年）の書名の原義は、「否（ou）＋場所（topos）＝どこにもない場所」である。この文言、じつに曖昧模糊としており、望ましいが実現できない完全さについての夢想、そのものではあるまいか。

モアの時代は囲い込み《エンクロージャー》、フランスのような強国の出現、大航海時代を迎え、社会・経済の変動期だった。こうした状況を背景に、堕落した罪深い人間が啓示の助力を受けずに創造できる最良の社会こそ、ユートピアそのものだった。モアのユートピア社会は、具体的にいうと、厳格な統制によって、市民の高慢さをへし折るように案出された社会であり、一六世紀によく知られていた、貧困・経済的混乱・悪政にたいする理想的解決策を提示している。ユートピア島が、即ち、理想社会ではない。ユートピアという「新世界」の幸福な社会についての報告を手掛かりとして、社会の理想政体を読者に考えてもらうのが『ユートピア』の読み方である。

獄中の作品であるカンパネッラの『太陽の都』(一六〇二年、刊行は一六二三年)は一七世紀初期の知的潮流を見事に反映している。

占星術、秘教的知識への関心、新しい客観知への関心と支持、アリストテレスへの論難、カンパネッラの理想とする千年王国的平和説、普遍的キリスト教的君主国家の樹立、技術を用いた発明品が人間の幸福の糧となるという揺るぎない信念、政治的には原始共産主義を謳っているが、統制国家でもある。

『太陽の都』は占星術に色濃く彩られていて、小品ながらきわめて難解である。

都市の統治形態をみてみよう。

聖職者・形而上学者である「太陽」が、精神面・世俗面にあって全住民の指導者である。太陽の補

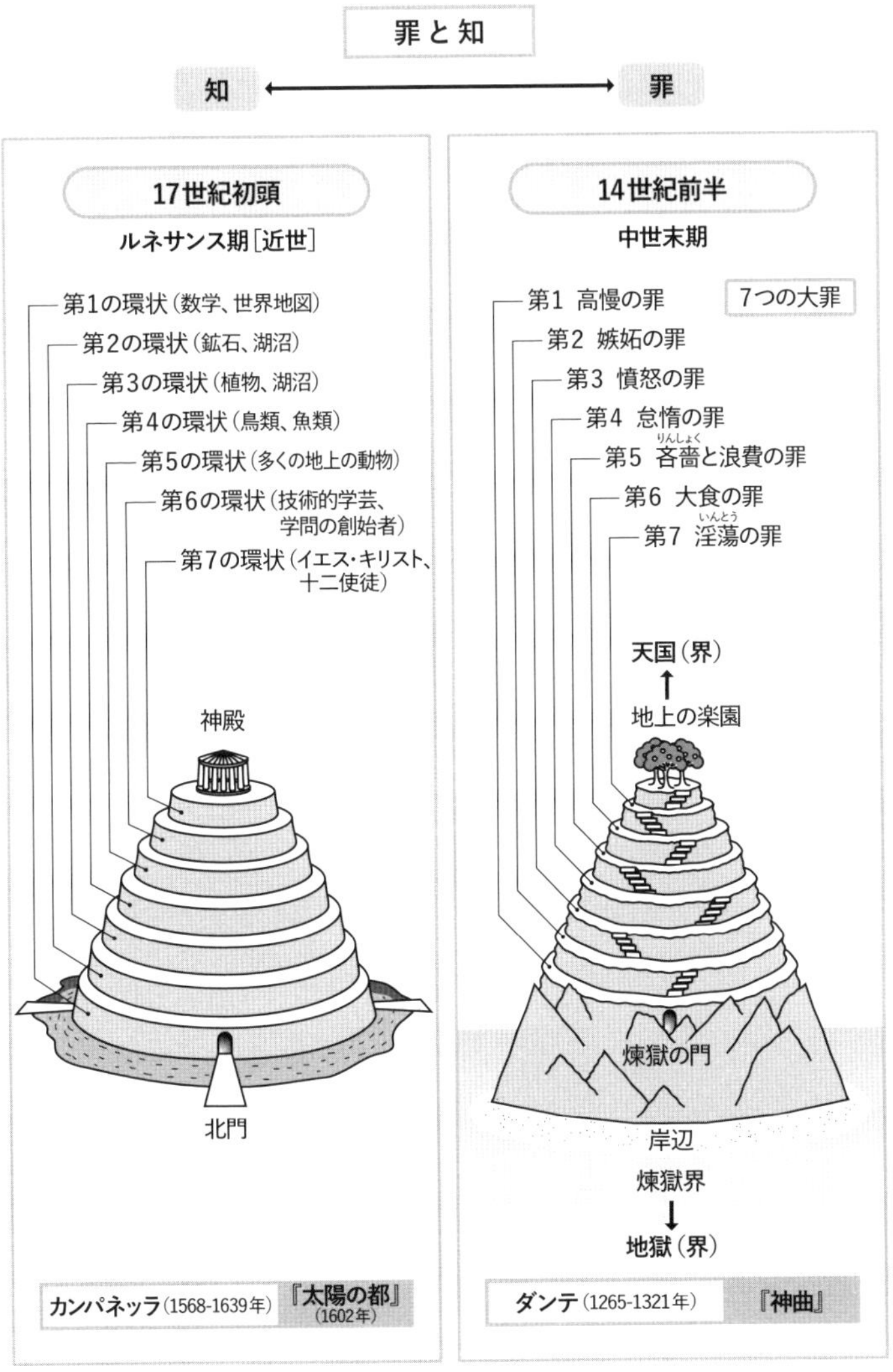
罪と知
知
罪
17世紀初頭
ルネサンス期［近世］
第1の環状（数学、世界地図）
第2の環状（鉱石、湖沼）
第3の環状（植物、湖沼）
第4の環状（鳥類、魚類）
第5の環状（多くの地上の動物）
第6の環状（技術的学芸、学問の創始者）
第7の環状（イエス・キリスト、十二使徒）
神殿
北門
カンパネッラ（1568-1639年）
『太陽の都』（1602年）
14世紀前半
中世末期
7つの大罪
第1 高慢の罪
第2 嫉妬の罪
第3 憤怒の罪
第4 怠惰の罪
第5 吝嗇《りんしょく》と浪費の罪
第6 大食の罪
第7 淫蕩《いんとう》の罪
天国（界）
地上の楽園
煉獄の門
岸辺
煉獄界
地獄（界）
ダンテ（1265-1321年）
『神曲』

「地上の楽園と神殿の図」

佐役としての副統治者に、カンパネッラ独自の三つの「基本原理《プリマリタ》」に該当する、「力（ポン Potestà 本来ならPotenzaが正しい）」、「知（シン Sapienza 本来なら Scienza）」、「愛（モル Amore）」が存在し、それぞれ「ポン」が戦争・和平・軍略を、「シン」が学問（自由七学芸、技術学芸をはじめ、占星術・宇宙額・幾何学・論理学・修辞学・文法学・医学・自然学・政治学・倫理学）を、「モル」は生殖・教育・薬剤・農業・衣食・性生活を、担当指導した。

本来なら「太陽」の位置に「神」がくるべきところ、「……卵のなかには霊魂を想わせる第一の存在の神が孵化しつつあり、……」（『哲学詩集』詩28。傍点は筆者）とあるように、神が第一の存在であるのは当然だろうが、傍点部の「神が孵化しつつあり」は異端の発想である。なぜなら「神は（森羅万象）を孵化させる存在でなければならないからだ。したがってこの「太陽」はヘルメス教的太陽神である。

『太陽の都』の支配者たちの教権制度は、階級区分に基づいているのではなく、知と力と愛、および全体を構成する成員の本源的な同権のうえに建てられている。この都はカンパネッラのユートピア的粉飾のもとに、権力国家（たとえばスペイン王国）の理念にたいして現実的な共同体国家の理念を対置している（マンハイム）。

都市構造はダンテ『神曲』の「煉獄篇（浄罪界）」に酷似しているが、ダンテの時代と違って、汎知主義（おおまかにいって知識を身に着けることで生きている実感を体得すること）に立つカンパネッラで

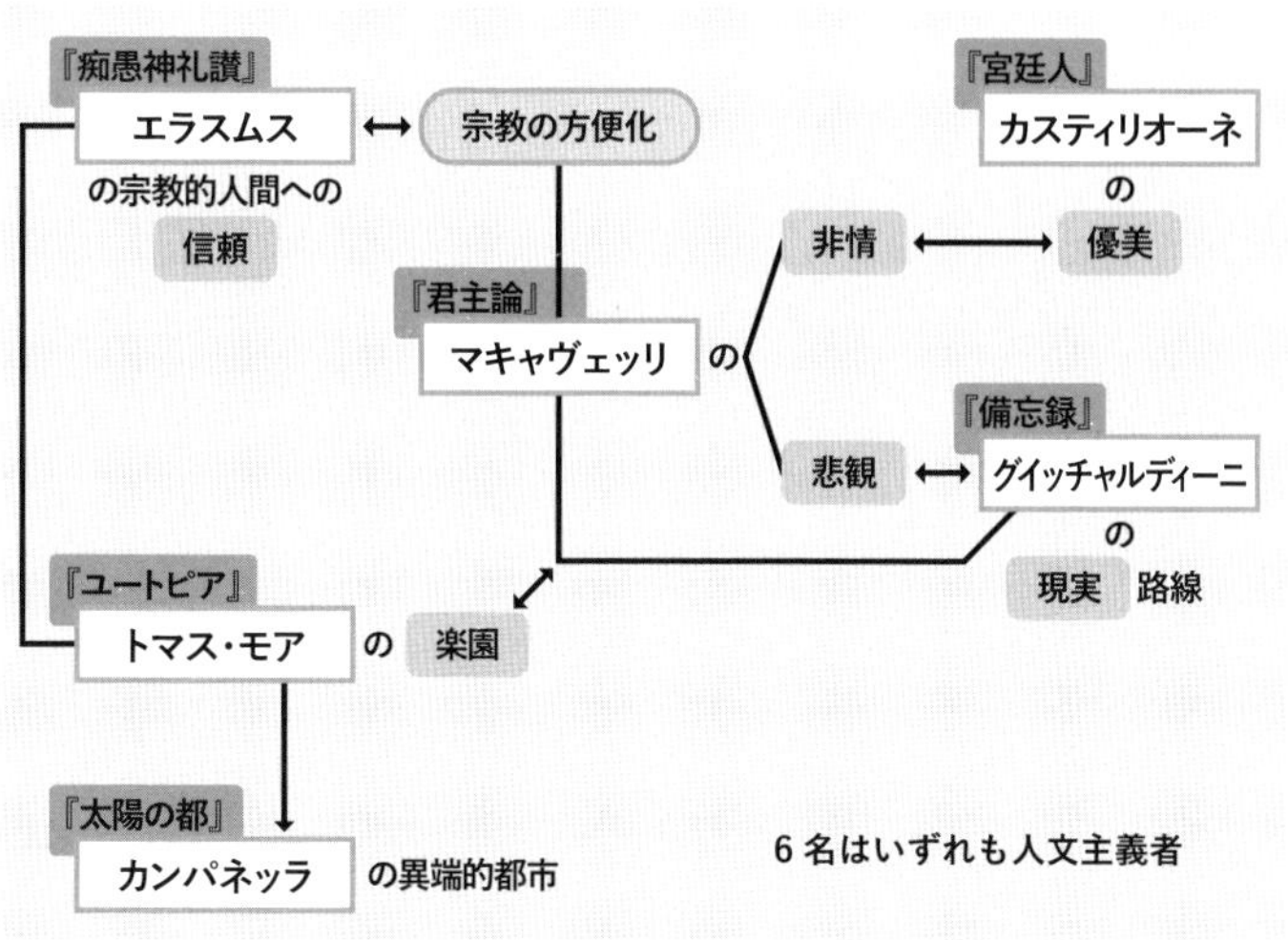

ルネサンス文化著名人の思想の位置的比較図表

は「知」の宝庫である。

『ユートピア』と『太陽の都』では出版におよそ一世紀の差がある。そして二人の作者はともに時代の転換期を生きた。とすると、ユートピア的作品が生まれるのは、ある体制からべつの体制へと移行する過渡期に執筆される、ということになろうか。この期の無秩序への批判を込めて描いたともいえよう。

最後に、本書で触れた(ほんの一度切りの人物もいるが)カンパネッラも加えて、その作品の位置関係を表現してみたい。

［参考文献］

伊東俊太郎『ガリレオ』講談社、一九八五年。

金子務『ガリレオたちの仕事場』（ちくまライブラリー）筑摩書房、一九九一年。

坂本賢三『科学思想史』（岩波全書）岩波書店、一九八四年（再刊は、岩波全書セレクション、二〇〇八年）。

澤井繁男『評伝 カンパネッラ』人文書院、二〇一五年。

E・ガレン（清水純一・斎藤泰弘訳）『イタリア・ルネサンスにおける市民生活と科学・魔術』岩波書店、一九七五年。

ガリレオ・ガリレイ（伊藤和行訳）『星界の報告』（講談社学術文庫）講談社、二〇一七年。

カンパネッラ（近藤恒一訳）『太陽の都』（岩波文庫）岩波書店、一九九二年。

――（澤井繁男訳）『ガリレオの弁明――ルネサンスを震撼させた宇宙論の是非』工作舎、一九九一年（再刊は、ちくま学芸文庫、二〇〇二年）。

――（澤井繁男訳）『哲学詩集』水声社、二〇二〇年。

――（澤井繁男訳）『事物の感覚と魔術について』国書刊行会、二〇二二年。

トマス・モア（沢田昭夫訳）『ユートピア』（中公文庫）中央公論社、一九九三年。

ホセ・オルテガ・イ・ガセット（アンセルモ・マイタス／佐々木孝訳）『ガリレオをめぐって』法政大学出版局、一九八一年。

マンハイム（鈴木二郎訳）『イデオロギーとユートピア』未来社、一九九一年。

原典抄訳書（すべて池上俊一監修、名古屋大学出版会）

『原典 イタリア・ルネサンス人文主義』二〇一〇年。

『原典 ルネサンス自然学』上下、二〇一七年。

『原典 イタリア・ルネサンス芸術論』上下、二〇二一年。

おわりに

本書は一二年間にわたった関西大学での一般教養科目「ルネサンス文化に親しむ」の講義録を下敷きにして執筆した。前期（春学期）・後期（秋学期）と各一五回の講義の一四回の講義題目（一五回目は試験）は、ある程度一定していたが、毎年とっかえひっかえしていたので、退職後整理してみると、二〇項目にも達していた。本書ではそれを元に目次を作成し、一章各一五枚前後でまとめてみた。書き終えて、退職後気になっていたことが、やっと一段落した心持ちである。

まだ講義での自分の声、（パワーポイントなど使用しなかったので）黒板の文字、学生諸君の表情が蘇ってくる。科目を設けた曜日・時間にもよるが、木曜日の四時間目（一四時一〇分から一六時四〇分まで）のときは、前期一五〇名、後期二五〇名の受講生でにぎわった。授業終了直前の一五分は、そのときの講義内容についての質問・感想・所見をミニッツペーパーなる紙片に書いて提出してもらった。それを読み、疑問点があれば、次回の講義冒頭で回答した。

この紙片の内容だが、だんだん読むに耐えないものに悪化していった。これも時代の趨勢かとも思ったが、試験（三五〇〜四〇〇字までの筆記方式）の内容も劣化し、不合格者も増えていった。私の力が至らなかったせいかもしれないが、残念である。

本書の執筆は、記憶に残っている章が多かったのですみやかに進んだ。ただ、活版印刷関係を詳細に扱えなかったのが心のこりである（参考文献として、エリザベス・アイゼンステイン〈小川昭子ほか訳〉『印刷革命』みすず書房、一九八七年と、アリソン・ブラウン〈石黒盛久・喜田いくみ訳〉『イタリア・ルネサンスの世界』論創社、二〇二一年を挙げておく）。また拙著や拙訳書に依拠した章もあるが、私自身としては、執筆時、翻訳時の苦労が蘇ってきて懐かしかった。『ルネサンス文化講義』の書名通り、一般書である拙著を踏み台にして、参考文献を参考にしながら、もっと専門的な内容に入っていってほしい。日本史的な話題にも言い及んでいる章もあるが、昨今の高校の歴史教科書は『歴史総合』の名のもとに、世界史と日本史を横断的に学ぶようになっているらしい。それに役に立てれば幸いである。

本書刊行に当たって、山川出版社に厚く御礼申し上げる。

二〇二三年　立春

北摂にて　**澤井繁男**

図版出典一覧

亀井高孝・三上次男・林健太郎・堀米庸三編
『世界史年表・地図』吉川弘文館、2016年をもとに作成　37

Girolamo Cardano. Stipple engraving by R. Cooper. Wellcome Collection.
Public Domain Mark　79

Public domain / Wikimedia Commons　17, 57, 89, 108, 125, 133, 154, 196右, 216

Stanislav Traykov/CC-BY 2.5：Wikimedia Commons　189

Web Gallery of Art　27, 49, 103, 170

ワ

ヤ―ヨ

ラ―ロ

マ—ホ

ハ―ホ

タ─ト

サーソ

カ—コ

人名索引

アーオ

澤井繁男（さわい・しげお）

一九五四年、札幌市生まれ。札幌南高等学校から東京外国語大学を経て、京都大学大学院文学研究科博士課程修了。東京外国語大学論文博士（学術）。元関西大学文学部教授。放送大学（大阪学習センター）非常勤講師。専攻はイタリア・ルネサンス文学・文化論。小説家・文芸批評家としても知られる。『ルネサンス文化と科学』『ルネサンスの知と魔術』（以上、山川出版社）、『魔術と錬金術』（ちくま学芸文庫）、『評伝 カンパネッラ』（人文書院）、『澤井繁男小説・評論集』（平凡社）、『若きマキアヴェリ』（東京新聞）など。訳書『哲学詩集』（水声社）にて日本翻訳家協会特別賞受賞。その他、多方面での著訳書多数。

公式ホームページ
https://sawai-shigeo.web.app/

ルネサンス文化講義《ぶんかこうぎ》

南北《なんぼく》の視座《しざ》から考《かんが》える

２０２３年４月15日　第１版第１刷印刷
２０２３年４月25日　第１版第１刷発行

著　者　澤井繁男

発行者　野澤武史
発行所　株式会社山川出版社
〒１０１-００４７
東京都千代田区内神田１-13-13
電話０３-３２９３-８１３１（営業）
１８０２（編集）
https://www.yamakawa.co.jp
振替００１２０-９-４３９９３

印　刷　株式会社プロスト
製　本　株式会社ブロケード

装幀　MalpuDesign（宮崎萌美）
本文デザイン　MalpuDesign（佐野佳子）